Moewig

BERUF & KARRIERE

Die Stufen der Karriereleiter

Der erfolgreiche Weg zur Spitze

Moewig

Verlagsunion Erich Pabel-Arthur Moewig KG, Rastatt

Text: Dipl.Psych. Siegfried Brockert
Textbearbeitung: Dr. Petra Gallmeister

Umschlagentwurf und -gestaltung: Atelier Adolf Bachmann, Reischach
Printed in Germany 1992
Druck und Bindung: Elsnerdruck, Berlin
ISBN 3-8118-7246-X (60er-Kassette)

Inhalt

Tabellen und Lernfelder:

„Verträge“ und Tests:

Ziel dieses Buchs

Jeder Mensch, der in das Berufsleben eintritt, macht auch Karriere.
Karriere machen heißt nämlich: das frühere Gehaltsniveau überschreiten und höher qualifizierte Aufgaben erledigen. Wer dies schneller als per Zufall schaffen und dabei seine Freude an der Arbeit und am Leben nicht verlieren will, braucht bestimmte persönliche Qualitäten und bestimmte Haltungen der Arbeitswelt gegenüber.
Um welche Qualitäten und Haltungen es dabei geht und wie Sie diese erwerben und praktizieren können, ist Thema dieses Buchs.
Karriere machen heißt nicht: Macht über Menschen und Statussymbole erhalten. Vorgesetzter sein, anderen Menschen befehlen können, mehr Geld als die anderen bekommen, ein besseres Auto (und möglichst noch auf Firmenkosten) fahren – all dies und vieles andere sind zwar oft die äußeren Zeichen des persönlichen Aufstiegs und Erfolgs. Weitere sind in amerikanischen Fernsehserien aus den „höheren Etagen“, wie zum Beispiel *Dallas* und *Denver*, zu besichtigen.
Doch wer glaubt, daß es beim beruflichen Aufstieg vor allem darum geht, um den direkten Zugang zu „perks and perls“, wie die Amerikaner sagen – der hat noch viele Lektionen vor sich. Das gilt noch weitaus stärker, für denjenigen, der meint, beruflicher Aufstieg müsse gleichbedeutend sein mit einem

- Raubbau an der eigenen Gesundheit,
- Raubbau an der eigenen seelischen Integrität,
- Raubbau an der Familie,

- Raubbau an der Mitmenschlichkeit und Moral, weil auf dem „Feld der Ehre“ und auch auf dem beruflichen eben doch jeder sich selbst der Nächste ist.

Die Beobachtung ist leider richtig: Viele Menschen opfern ihre körperliche und seelische Gesundheit, ihre Bindungen an andere Menschen und ihre Moral für den beruflichen Aufstieg. Aber: Die Umkehrung dieses Satzes gilt nicht! Wer zu all diesen Opfern an Gesundheit und Lebensqualität bereit ist, hat deshalb noch lange keine Karrieregarantie in der Tasche. Im Gegenteil! Diejenigen, die oben ankommen, sind gesünder und integerer als die, die irgendwo auf der Strecke bleiben.
Die Vorstellung, daß der Weg nach oben nicht geradlinig verläuft und nur unter Opfern zu absolvieren ist, zählt vermutlich zu den langlebigsten. Dennoch werden in aller Regel andere Menschen befördert als die Nicht-Aufrechten, die „krummen Typen“. Befördert werden Menschen, die

- ihre Arbeit lieben und gern machen,
- darüber hinaus das Leben lieben,
- gut und fair zu anderen Menschen sind,
- ihre persönlichen Verhältnisse geregelt haben.

Der wirkliche Lohn einer Karriere liegt nämlich nicht darin, seine Persönlichkeit und Menschlichkeit am Werkstor beim Pförtner abzugeben, sondern beides voll zu entfalten.
Der Weg nach oben bietet einem Menschen dabei immer größere Freiräume zur persönlichen Entfaltung. Darum geht es. Wie man diesen Weg beginnt, wie man darauf achtet,

- weder seine Lebensqualität – seine guten Seiten, seine Talente, Werte und Bindungen – für den Beruf zu opfern,

- noch sie sich von Menschen, die dieses Opfer bereits erbracht haben, nehmen zu lassen.

Davon handeln die Karrieretips in diesem Buch. Es zählt 27 Stufen auf der Karriereleiter auf. Wenn Sie klug sind, lassen Sie keine einzige aus und halten sich zumindest insoweit an die Reihenfolge, als Sie Stufe 27 nicht vorwegnehmen.
Wer für diesen Tip eine Begründung braucht, sollte vor den 27 Kapiteln über die Stufen auf der Karriereleiter den am Anfang des Kapitels „Wer macht Karriere?" abgedruckten Auszug aus den Regeln zur Auswahl von Führungskräften eines großen deutschen Unternehmens lesen, das für seine besondere Aggressivität bekannt ist.

Hilfsmittel

Dieses Buch ist ein Ratgeber, der Ihnen helfen will, persönliche Fragen zu beantworten. Bücher wenden sich an sehr viele Menschen mit unterschiedlichen Lebenseinstellungen, unterschiedlichen Erfahrungen und unterschiedlichen Hoffnungen.
Von einem bestimmten Punkt an bleiben Sie deshalb in jedem Buch mit Ihren persönlichen Fragen, Anregungen und mit Ihrer Kritik allein. Um hier einen Ausgleich zu schaffen, um Möglichkeiten eines persönlichen Austausches und einer individuellen Beratung zumindest im Ansatz zu bieten, enthält dieses Buch zwei Hilfen.

Kopiervorlagen

An verschiedenen Stellen dieses Ratgebers finden Sie Tabellen-Schemata, die Sie ausfüllen sollten. Füllen Sie sie aber nicht im Buch aus! Statt dessen sollten Sie sich die Vorlagen kopieren, damit Sie immer ein sauberes Schema als Hilfsmittel zur Verfügung haben.
Die Kopiervorlagen werden immer dann eingesetzt, wenn es um wichtige Verhaltensänderungen geht. Zwar stimmt es, daß nur derjenige ein Realist ist, der auch an Wunder glaubt. Aber wer bei den Möglichkeiten persönlicher Weiterentwicklung an Wunder glaubt, der wird sein blaues Wunder erleben. Hier geht es nur schrittweise, und man muß die einzelnen Schritte immer neu wiederholen.
Die Kopiervorlagen erstrecken sich jeweils über eine Doppelseite. Allerdings ist das aufgeschlagene Buchformat kleiner als DIN-A4. Legen Sie deshalb die Vorlage im Kopierer

jeweils in der oberen rechten Ecke an, dann haben Sie links einen Rand, den Sie lochen können. Es empfiehlt sich nämlich, die Kopiervorlagen abzuheften, damit Sie eine Erfolgsbestätigung für Ihre Fortschritte haben.

Ratgeber-Kupon

Seite 13 ist ein Blatt, das Sie aus dem Buch heraustrennen können: Ihr Ratgeber-Kupon. Er bietet Ihnen die Möglichkeit, Ihre Kommentare und Fragen in kurzer Form an den Autor dieses Buches zu schicken. Stecken Sie den Zettel einfach in einen Fensterumschlag, dann haben Sie die Adresse gleich richtig im Adreßfeld. Legen Sie einen an sich selbst adressierten Antwortumschlag im Format DIN-A5, frankiert mit DM 1,– (bzw. mit dem gültigen Porto für Drucksachen bis zu fünfzig Gramm Gewicht), und DM 2,– in Münzen (bitte nicht in Briefmarken) als Schutzgebühr bei. Dieses Geld soll die Kosten für Papier, Druck und Versand der angeforderten Information decken und als Schutzgebühr zusätzlich sicherstellen, daß niemand schreibt, der es mit seiner Stellungnahme nicht ernst meint. Ab August 1992 liegt ein erster **Sonderdruck mit Antworten auf alle Fragen und Anregungen** vor, die bei uns eingegangen und von allgemeinem Interesse sind. Diesen Sonderdruck schicken wir Ihnen zu, wenn Sie uns schreiben und die Schutzgebühr beilegen. Sie profitieren also auch von den Anregungen anderer Leser. Der Sonderdruck wird alle halbe Jahre aktualisiert – also jeweils zum 1. August und 1. Februar eines Jahres. Dieser Service ist befristet bis zum 31. 12. 1995. Sie können ihn selbstverständlich auch regelmäßig, alle halbe Jahre in Anspruch nehmen. In diesem Fall sollten Sie jeweils eine Fotokopie des Kupons einsenden.
Bitte haben Sie Verständnis dafür, daß falsch frankierte Rückumschläge aus unserem Leserservice herausfallen.

Und eines noch zu guter Letzt: Die Herausgabe der Sonderdrucke ist ein ganz persönlicher Service des Autors für die Leser dieses Buchs und außerhalb der Verantwortung des Verlages. Richten Sie deshalb Ihre Zuschriften nur an die angegebene Adresse und **nicht** an den Verlag!

Diese Seite läßt sich leicht heraustrennen, ohne das Buch zu beschädigen.

Diese Seite aus dem Buch herausreißen und in einen Umschlag stecken. Bitte einen frankierten Rückumschlag (zur Zeit gültiges billigstes Drucksachen-Porto) nicht vergessen sowie eine Schutzgebühr von DM 2,– (nur als 2-DM-Münze, bitte nicht in Briefmarken). Bitte mit DM 1,– (oder dem niedrigsten Standard-Briefporto) an die nebenstehende Adresse schicken. Wenn Sie einen Fensterumschlag benutzen, erscheint die Adresse im Brieffenster.
Bitte füllen Sie den Rückantwortumschlag mit Ihrer Anschrift aus.

Beruf & Karriere VIII
Dipl. Psych. Siegfried Brockert
Postfach 221
8000 München 71

Anregungen, Fragen, Kritik

Ihr Absender

(Name)

(Straße)

(PLZ) (Wohnort)

Wer macht Karriere?

Ein führendes deutsches Industrieunternehmen hat zwölf Kriterien erarbeitet, nach denen Führungskräfte ausgewählt werden. Diese zwölf Punkte können als Ziele der Erziehung und vor allem der Selbsterziehung angesehen werden, denn es handelt sich hier um Erziehungsziele, die an unseren Schulen keinen hohen Stellenwert haben:

1. Das Wichtigste nach wie vor ist *Fachwissen*. Da möge sich niemand täuschen. Ein freundliches Wesen zu haben, ein guter Mensch zu sein, das alleine reicht nicht. Etwas Wesentliches kommt zum Fachwissen hinzu:
2. *Fachkönnen*. Gemeint ist damit die Fähigkeit, das eigene Wissen innerhalb des Betriebs zur Lösung praktischer Aufgaben umsetzen zu können. Können steht damit eine Stufe höher in der Bewertung als bloßes Wissen. Dazu kommt
3. *Intelligenz* als *analytisches*, aber auch
4. *kreatives Denken*. In einem Unternehmen schöpferisch zu sein heißt: Denken gegen die Regeln. Wer das beherrscht, der besitzt auch
5. *Innovationsfähigkeit*, hat neue Ideen, setzt sie durch und ermöglicht Mitarbeitern, selbst innovativ tätig zu sein. Führungskräfte brauchen zudem besondere
6. Persönlichkeits- und Verhaltensstrukturen. Eine Führungskraft soll innerlich frei sein für die Sache, der sie sich widmet. Extreme Stimmungsschwankungen sind kontraproduktiv. Wichtig sind *Vorbildlichkeit, Glaubwürdigkeit, Offenheit* und
7. *Moral*: Konkurrenzkampf sollte immer nach den Regeln des „fair play“ ausgetragen werden. Arbeiten in einem Unternehmen bedeutet ja auch: Leben in einer Gemeinschaft. Weiter muß eine Führungskraft

8. *hohe sozial-emotionale Fähigkeiten* beweisen, muß Zuversicht ausstrahlen und Vertrauen vermitteln. Gefordert ist auch große Kontaktfähigkeit. Dies setzt ein hohes Maß an
9. *Kommunikations- und Informationsbedürfnissen* voraus. Wer nicht genügend kommuniziert, weiß nicht, was um ihn herum geschieht. Für seine Kollegen bleibt er eine unberechenbare Größe. Nirgendwo ist zudem das Kommunikationsnetz so dicht wie in erfolgreichen modernen Unternehmen. Anregungen weit über das Fachgebiet hinaus müssen aufgenommen werden. Die Führungskraft der Zukunft ist eine rundum gebildete Persönlichkeit, ein „Renaissance-Mensch", nicht ein Streber. Nur eine solch integrierte Persönlichkeit, ein Experte für Fachwissen, für Kultur (und Kulturen) und für Menschen verfügt über
10. Motivation zur eigenen Aufgabe und die *Überzeugungsstärke* zur Motivierung von Mitarbeitern. Dieser Transfer von Leistungsgedanken funktioniert jedoch nur bei
11. *persönlicher Leistungsbereitschaft.* Hohe Leistung führt zu einem Elitebewußtsein, das als hoher Anspruch an sich selbst verstanden wird. Was hier gezeichnet wird, ist das Idealbild einer unternehmerischen Persönlichkeit, deren wesentlichstes Merkmal
12. die *Risikobereitschaft* ist. Unternehmerisches Handeln bedeutet im Kern: ein erfolgreiches Umgehen mit Unsicherheiten über Märkte, Kundenwünsche, Kapitalfluß, die Motivierung von Mitarbeitern oder einer zunehmend kritischer werdenden Öffentlichkeit.

Sich hier zu bewähren, lernt man nicht allein durch das Antrainieren einer strammen Haltung. Ein hohes Maß an Experimentierfreude dem eigenen Leben gegenüber scheint genauso angebracht zu sein. Wer bereit ist, das im Leben junger Menschen zu erkennen, wird keine so schlechte Meinung über die Zukunft unserer Gesellschaft haben.

Stufe 1 der Karriereleiter:

Intelligenter Optimismus

Die wichtigste Stufe auf der Karriereleiter beinhaltet eine positive Lebensanschauung. In der Umgangssprache haben sich hierfür Begriffe wie Optimismus oder positives Denken eingebürgert.
Beide Begriffe sind problematisch. Sie können einer beinahe dümmlichen Realitätsverleugnung Vorschub leisten, die gerade im Wirtschaftsleben schädlich sein kann. Denn hier geht es nicht darum zu erkennen, ob ein Glas halb voll oder halb leer ist, sondern um die Kasse. Und wer glaubt, die Kasse sei noch „halb voll", wirft möglicherweise gutes Geld schlechtem Geld hinterher und/oder investiert gute, produktive Zeit in Projekte, die bereits als unproduktiv erkannt worden sein könnten.
Und auch die eigene Karriere, die mit Optimismus und Fleiß vorangetrieben wird, kann sich als „optimistische" Fehlinvestition erweisen, die einen beruflich die wichtigsten Jahre kosten kann. Und sicher sind nicht nur Einzelkarrieren, sondern auch viele Unternehmen – sogar ganze Staatswirtschaften – durch unangebrachten Optimismus ruiniert worden.
Welche Art von Optimismus ist hier also gemeint?
Zuerst einmal ist es ein furchtloses Der-Welt-Gegenübertreten, denn – so lehrt uns eine alte Sufi-Weisheit: „Der Lohn der Furchtsamen: weder Gewinn noch Verlust."
Wie aber gewinnt man diese erfolgsichernde, positive, unängstliche Lebenseinstellung? Der amerikanische Psychologie-Professor Martin Seligman hat es erforscht. Er be-

gann, wie so oft in der Psychologie, mit der Kehrseite der Medaille, mit einer negativen, pessimistischen Weltsicht, die oftmals als Depressivität angesehen wird und die eines der am weitesten verbreiteten Leiden der westlichen Welt ist. Es lohnt sich, genauer zu verstehen, was Seligman gefunden hat. Seit über einem Vierteljahrhundert untersucht er die Folgen positiver wie negativer Erfahrungen auf das Leben. Er analysiert sie bei elektrogeschockten Hunden oder bei Ratten, die um ihr Leben schwimmen, und natürlich auch bei Menschen im normalen Leben.
Als Beispiel zitiert er gerne aus Briefen, die ehemalige Studenten der Harvard-University in den vierziger Jahren als Teilnehmer am zweiten Weltkrieg geschrieben haben. Nehmen Sie zwei Beispiele, in denen zwei damals junge Soldaten jeweils eine Situationsschilderung abgeben. Beide Berichte sind negativ, aber dennoch ist der eine der beiden optimistisch und der andere pessimistisch.

> *Franks Brief:*
> *„Befehle zu geben war manchmal sehr schwer, wenn nicht gar unmöglich, weil ich immer Probleme hatte, mit den rangniederen Soldaten umzugehen, sogar später im Krieg, als ich ein höherer Offizier war."*
>
> *Joes Brief:*
> *„Während des Kriegs war ich zu bestimmten Zeiten stark gelangweilt, denn jeder Mensch, der je an Bord eines Schiffes war, langweilt sich manchmal zu Tode."*

Beide Briefe berichten über unangenehme Erlebnisse. Negative Erfahrungen treten im Leben jedes Menschen auf, sie müssen aber nicht zwingend zu einer negativen Lebensauffassung führen. Vergleichen wir die beiden Briefe: Frank ist ein Pessimist. Dies zeigt sich bei genauerer Analyse seines kurzen Textes an drei sehr wichtigen Kriterien:

- Er sieht seine Schwierigkeiten als **stabil** an („ich hatte **immer** das Problem ...“).
- Frank glaubt zudem, daß sein Problem auf **viele Lebensbereiche** zutrifft. Selbst als er durch die Beförderung eine deutlichere und überzeugendere Befehlsgewalt bekommen hatte, hatte er noch das Problem mit den Untergebenen. Ein noch perfekterer Pessimist wäre er gewesen, wenn er das geschilderte Problem nicht auf den Krieg beschränkt sondern z. B. folgenden Satz eingefügt hätte: „Als Abteilungsleiter in der Wirtschaft hatte ich dieselben Probleme wie mit den einfachen Soldaten.“
- Frank **gibt sich selbst die Schuld** an den Problemen. Er sagt: „Immer hatte ich Probleme ...“ Er sagt nicht: „Es ist unendlich schwer, sich als junger Offizier bei Wehrpflichtigen, die das Militär noch nicht kennen, durchzusetzen ...“. Er sagt auch nicht: „Es ist eine unlösbare Aufgabe, mit voller Überzeugung junge Menschen in den Krieg und womöglich in den Tod zu führen ...“ Er sagt: „Immer hatte ich diese Probleme ...“

Joe dagegen verhält sich ganz anders.

- Die Probleme, die er schildert, sind **nicht stabil**, sondern sie treten nur „zu bestimmten Zeiten“ auf.
- Sie betreffen **nicht viele oder gar alle Lebensbereiche**, sondern sie beschränken sich auf die konkrete Situation auf einem konkreten Schiff.
- Und er macht **sich nicht selbst für die Probleme verantwortlich**. Er sagt also nicht: „Wie immer in allen Situationen meines Lebens ist es mir auch hier auf diesem Schiff nicht gelungen, das Beste aus meiner Zeit zu machen.“ Das wäre die Aussage eines perfekten Pessimisten.

Der Unterschied zwischen einem Optimisten und einem Pessimisten liegt also nicht etwa nur darin, ob ein halb gefülltes Glas als halbleer oder halbvoll bezeichnet wird. „Wie immer in meinem Leben hatte ich es auch diesmal wieder geschafft: Innerhalb kürzester Zeit war mein volles Glas halbleer.“ Das ist keine optimistische, sondern eine pessimistische Aussage, denn sie bezeichnet ein Problem als:

- stabil,
- allumfassend,
- von einem selbst verantwortet.

Der Unterschied zwischen einer positiven und einer negativen Lebensauffassung zeigt sich nicht in vordergründigen Wortspielen (halbvoll, halbleer), sondern in der Art und Weise, wie Menschen Probleme verarbeiten, zeigt sich also in einer hinter den Worten liegenden psychischen Struktur. Natürlich spielt die Wortwahl dabei eine Rolle. Sie bezieht sich aber nicht nur auf die Uminterpretation von etwas Negativem in etwas Positives.

Entscheidend sind die drei Komponenten, die Seligman genannt hat. Für eine positive Sichtweise spricht, wenn ein Problem – egal, wie schwer es wiegt – als

1. nicht über Zeit und Ewigkeit stabil, sondern als zeitlich begrenzt angesehen wird; wenn

2. erkannt wird, daß nicht alle „Ecken und Winkel“ des eigenen Lebens davon in Mitgleidenschaft gezogen werden. („Ich bin klein und unansehnlich, deshalb liebt mich niemand, deshalb hat das Leben keinen Sinn“ – das ist eine perfekt pessimistische Auslegung; die optimistische lautet: „Ich bin zwar klein und unansehnlich, aber deswegen bekomme ich dennoch eine schöne Frau – so wie der Maler Toulouse-Lautrec“). Und wenn

3. der Gedanke abgewehrt wird, die negative Sicht der Welt und die eigenen Probleme paßten eigentlich gut zu einem.

Mit anderen Worten: Es sind nicht die objektiven Gegebenheiten, die uns das Leben wirklich schwermachen, sondern es ist unsere persönliche Art und Weise, wie wir auf die Dinge reagieren. Je stärker unsere Reaktion ganz konkret auf die Situation bezogen ist, desto besser ist es. Je stärker wir mit einer allgemeinen und negativ getönten Aussage, die zudem unser gesamtes Leben betrifft, auf die Situation reagieren, desto schlechter verhält es sich.
„Schönheit liegt im Auge des Betrachters", sagt William Shakespeare. Wer ein halb geleertes Gals als typisches Zeichen für eine aufziehende Versorgungskrise ansieht, ist ein Pessimist. Wer es als gelebtes Leben und erlebten Genuß betrachtet, ist es nicht.
Seligmans Forschungen sind alles andere als trivial. Seit einigen Jahren sammelt er z. B. Aussagen berühmter Sportler früherer Zeiten über ihre eigenen Leistungen. Und er hat aufschlußreiche Beziehungen festgestellt zwischen einer optimistischen Sicht des eigenen Lebens und den Jahren, die ein Mensch gelebt hat. Im amerikanischen Baseball-Sport gibt es z. B. eine „Ruhmeshalle" („Hall of Fame"), in die die Besten dieses Sportes aufgenommen werden. Unter diesem Baseball-Adel fand Seligman Optimisten und Pessimisten. Und er entdeckte: Spitzenbaseballer mit einer pessimistischen Grundhaltung im Leben sind früher gestorben als ihre optimistischen Kollegen.
Darüber hinaus ist ein negativer Interpretationsstil bei Problemen ein Zeichen für „gelernte und gelebte Hilfslosigkeit": Die Probleme sind umfassend und stabil. In bin zwar dafür verantwortlich, aber ich kann nichts daran ändern.
Menschen mit solch einer Lebenseinstellung der „bedingungslosen Kapitulation" vor den Ereignissen um sie herum machen sich selbst das Leben schwer. Im Sport könnten sie noch besser sein. Und andere Beobachtungen haben gezeigt:

- Sie kümmern sich nicht gut um sich selbst.
- Sie essen nicht vernünftig, sie gehen nicht zum Arzt, wenn sie Schmerzen haben.
- Sie suchen keine Unterstützung bei Freunden und bei der Familie.

Und neue Forschungen haben erste Belege dafür erbracht, daß eine solche negative Lebensauffassung direkte Auswirkungen auf das Immunsystem hat.
Das ist nicht überraschend. Schon die allgemeine Erfahrung zeigt, daß zwei junge kräftige Menschen, die an einem kalten Novembertag einen Menschen zu Grabe tragen müssen, sich nach wenigen Minuten auf dem verregneten und windigen Friedhof eine Erkältung zuziehen können. Dieselben jungen Menschen können hingegen in liebevoller Umarmung unter gleichen Witterungsbedingungen Stunden in einem Park stehen, ohne sich zu erkälten.
Überzeugender ist ein Forschungsbeleg aus einem Tierexperiment. Man kann Labor-Ratten Tumoren einpflanzen und erforschen, in welcher Weise sie diese künstliche, hochnegative Beeinträchtigung ihres Lebens verarbeiten. Bringt man Ratten zuvor mit Hilfe von Elektroschocks in die Situation der „gelernten Hilflosigkeit", bringt man ihnen also dadurch für das Leben bei, daß sie sich selbst nicht helfen können, haben sie weniger Abwehrkräfte gegenüber den Tumoren. Hier wirkt das Prinzip Hoffnungslosigkeit – selbst auf dem niederen Niveau von Nagetieren. Im Gruppenvergleich sterben die „hoffnungslosen" Ratten sehr viel früher als Ratten vergleichbarer Gruppen, die gegen den gleichen Tumor zu kämpfen haben.
Erste Erfahrungen mit Krebspatienten und der Art und Weise, wie sie ihre Krankheit seelisch verarbeiten, deuten in dieselbe Richtung. Optimistische Frauen bleiben nach einer erfolgreichen Operation gegen Brustkrebs länger symptomfrei als pessimistische.

Noch einmal sei betont: Bei der Verarbeitung negativer Information geht es nicht um eine nur vordergründige Uminterpretation der Wahrheit. Wer Krebs hat, dem kann es zwar auch ein Trost sein, daran zu denken, daß viele Körperzellen noch intakt sind. Wichtiger aber ist es, sich ganz auf das konkrete Problem, auf die Realität zu konzentrieren.

Ein anderes kommt hinzu: In die menschliche Persönlichkeit ist ein doppelter Trend zum Optimismus eingebaut.

Zum einen hat der Optimismus eine körperliche Basis. Es gibt für Situationen eines physischen Überlebenskampfes körpereigene Stoffe, Endorphine, die ausgeschüttet werden und uns selbst schwere Verletzungen in der konkreten Situation nicht als schmerzhaft empfinden lassen.

Zum anderen ist unser Gedächtnis insofern ein „Optimist“, als uns die Vergangenheit – egal wie schwer sie uns in der jeweiligen Situation erschienen ist – immer positiv getönt scheint. Es erfordert die harte ständige Arbeit eines pessimistisch gepolten Menschen, sich eine negative Lebensgeschichte zu schaffen. Diesen Einsatz können wir uns ebenso sparen wie die negativen Konsequenzen für seelische, ja körperliche Gesundheit, die daraus resultieren. Dieselbe Energie aufzuwenden, um einen positiven Umgang mit uns selbst zu pflegen – angefangen mit so einfachen Dingen wie gesund essen, uns nicht gehenlassen ... –, ist sinnvoller.

Solch rationale Argumente werden von pessimistischen Menschen nur schwer aufgenommen. Sie finden sie nicht überzeugend. Wenn man ihnen helfen will, geht das aber sehr wohl nach der Methode: Ein Auto kann man auch anschieben. Für mehr Lebensqualität bei ihnen zu sorgen kann bereits „die halbe Miete“ sein und hilft ihnen mehr, als ihnen das „positive Denken“ zu predigen oder gar abzuverlangen.

Der Wert einer positiven Lebensauffassung für die Lebens- und die Leistungskraft, für die körperliche und seelische

Gesundheit kann nicht genug betont werden. Wie aber ist es mit dem „positiven Denken“, das zuerst der amerikanische Pop-Psycho-Evangelist Norman Vincent Peale propagiert hat? Seine Bücher haben Millionenauflagen erreicht, werden seit Jahrzehnten verkauft, und noch höher sind die Auflagen all der Epigonen, die in seinem Geist geschrieben haben. Diese Autoren müssen ein reales Bedürfnis bei Millionen Menschen angesprochen haben. Doch muß davor gewarnt werden, von diesen Büchern eine wirkliche Hilfe zu erwarten.

Denn diese Bücher betreiben Etikettenschwindel, indem sie suggerieren, sie könnten Menschen durch ihr System „der Erlösung durch Willenskraft“ von einer negativen zu einer positiven Lebensauffassung bringen. In Einzelfällen ist das sicher nicht auszuschließen, per Saldo aber muß hier Skepsis herrschen. Positives Denken muß nämlich – um zu funktionieren – mehr sein als das Auswechseln von Worten („halbvoll“ statt „halbleer“). Und dabei geht es um eine grundlegende Änderung lange verankerter seelischer Strukturen. Durch Willenskraft ist so etwas allein kaum zu erreichen. Selbstliebe, Selbstbejahung, ein motivierendes und stabilisierendes Umfeld, ein Erkennen eigener Abwehrmechanismen und vieles mehr müssen dazukommen.

Zum positiven Denken kann man niemanden zwingen. Eine amerikanische Psychologin hat einmal Tagebücher analysiert, die Menschen im Laufe von sieben und mehr Lebensjahrzehnten geschrieben hatten. Die grundlegenden Denkstrukturen auf der Dimension Optimismus/Pessimismus waren dabei durchgehend gleichgeblieben. Änderung ist also schwer. Und zu suggerieren, daß eine grundlegende Persönlichkeitsänderung allein durch einen Akt des Wollens erreichbar sei, zeigt nicht nur einen falschen Weg, sondern kann Menschen, die sich hoffnungsvoll an die „Denk positiv“-Literatur gewandt haben, in noch tiefere Verzweiflung stürzen.

Sicher ist, daß Peale & Co. unter ihren Lesern sehr viele Miniprediger erzeugt haben. Man liest etwas, sieht, daß es sinnvoll ist, schafft es zwar nicht, sich selbst daran zu halten, aber man redet mit Überzeugungkraft darüber. Dies geht nach der Formel, die für viele Prediger, Pädagogen und Menschenverbesserer gilt: „If you don't know teach." Jemand anderem etwas beibringen ist ein Königsweg zum eigenen Lernen. Das weiß jeder Mensch, der als Schüler einmal einem anderen Schüler Nachhilfeunterricht gegeben hat.
Und so predigen viele Menschen das positive Denken – in der uneingestandenen, ja unbewußten Hoffnung, selber besser zu begreifen, was es damit auf sich hat. Sie sind mit jenen amerikanischen Fernsehevangelisten vergleichbar, die eine frigide sexuelle Moral um so lauter predigen, je intensiver ihre Verhältnisse zu ihren Sekretärinnen waren. Ihnen selbst sei das Predigen gegönnt. Ihr eigenes Verhalten hat nämlich bewiesen, daß sie in puncto Moral – was Sexualität und auch Finanzen angeht – einen hohen Lernbedarf hatten. Aber allein deswegen und nur, weil sie gute Rhetoriker sind, eine ganze Nation in ein Lernfeld für die eigene seelische Entwicklung verwandeln zu dürfen, ist zuviel. Und ihr Wirken ist darüber hinaus schädlich. Sie bekämpfen jenen Geist der Freiheit, der sich dem Negativen stellt und nicht etwa das Negative einfach wegpredigt. Das führt dann zu Absurditäten wie denen, als der Politevangelist Ronald Reagan glaubte, er könne das Drogenproblem durch seine „just say no"-Kampagne wegpredigen.

Stufe 2 der Karriereleiter:

Die Karriere wirklich wollen

Um Karriere zu machen, braucht man die richtige innere Einstellung (und nichts anderes ist gemeint, wenn heutzutage so gerne das Wort „mental“ in den Mund genommen wird – möglichst noch in der von Spitzensportlern geliebten Verbindung „mentalmäßig fit“). Karriere bedeutet, sich über weite Strecken des Tages und des Lebens dem bezahlten Teil seiner Tätigkeit zu widmen. Daß dies ohne die entsprechende innere Einstellung nur Krampf wird, ist selbstverständlich. Zu allem Tun gehört die richtige innere Einstellung, was man früher besser wußte als heute, weil das Wort „Beruf“ bekanntlich von „Berufung“ abgeleitet worden ist. Das Wort „Job“ dagegen beinhaltet etwas anderes. Jobben ist die moderne Form der Tagelöhnerei (die manchmal auch eine Wochen-, Monats- oder auch Lebenslöhnerei sein kann). Auch dazu braucht man die richtige innere Einstellung. Man muß darauf verzichten, sich selbst in den Früchten seiner Arbeit wiederzufinden, sucht die Früchte des Lebens in der Freizeit oder macht sich selbst zur Frucht, an der die Bienen naschen. (Auch an Arbeitsplätzen kann man diese Art Freizeitverhalten beobachten.)
Wie aber sieht die richtige innere Einstellung für eine Karriere aus? Geht man die Sache wirklich mit einer Lebensperspektive an, wird klar, wieviel ein Mensch für eine Karriere zu opfern hat: Zeit, Freizeit, Hobbys und vieles andere mehr. Sieht man Menschen, die sich zehn oder zwanzig Jahre lang um eine Karriere bemüht haben, entdeckt man bei ihnen viele persönliche Enttäuschungen. Man trifft oft auf

leere Menschen, die sich selbst und ihre Gesundheit geopfert, die ein Ziel verfehlt haben, die in persönlichen Kalamitäten gewesen sind – kurz: Erfolg zu suchen ist für viele der direkte Weg zum menschlichen Scheitern. Wenn es also eine auf Dauer förderliche mentale Basis für Karriere gibt, dann muß sie es verhindern, daß Menschen zum Apparatschik oder Funktionär oder Kader oder „organization man“ verkümmern. Aufmerksame Arbeitgeber haben dies schon lange eingesehen und bemühen sich auf verschiedene Weise um das „Seelenheil“ ihrer höher gestiegenen oder aufstrebenden Talente. Firmen bieten Rückzugsorte an, Stätten der Besinnung, Orte der Selbstfindung sowie Kurse und Seminare, die erreichen sollen, daß sogar der stromlinienförmige Yuppie aus dem Windkanal wieder einen etwas schlechteren cw-Wert bekommt, in dem er einige Ecken und Kanten entwickelt.
Die Kirchen haben hier eine kleine Marktlücke entdeckt. Laufen ihnen ansonsten die Steuerzahler zuhauf davon, finden sie in diesem Bereich doch Menschen, die auf ihre Dienste reflektieren. Sehr oft sieht man deshalb Seminare für Manager, die von der Kirche – und insbesondere von der Societas Jesu, den Jesuiten also – angeboten werden.
Eine gewisse Seelenverwandtschaft gibt es zwischen beiden, den „Machern“ in der Wirtschaft und den „Machern“ in geistlichen Dingen, die die Jesuiten traditionell sind. Andere halten es vielleicht deshalb lieber mit den weniger dynamischen Vertretern der Kirche. Ich möchte Ihnen als tägliche Meditation einen Text empfehlen, den der holländische Franziskaner Ruud Lohman aufgesetzt hat. Wenn Sie einen besseren Text haben, der Sie mit kurzen, klaren Worten immer wieder auf Ihr Sein zurückführt, benutzen Sie den. Wenn dieser Text Ihnen jetzt fremd und unangenehm ist, lassen Sie ihn liegen (aber merken Sie sich, wo Sie ihn hinlegen). Wenn Sie glauben, daß eine Meditation, gar eine kirchliche, nichts für Sie sei, erinnern Sie sich an diese Art von Text, wenn Sie Ihren Herzinfarkt überlebt haben.

Ein Text, der Sie wieder fest im Leben verankert

(aus: Ruud Lohman, Das Haus des Leibes, Patmos Verlag, Düsseldorf 1972. Abdruck mit freundlicher Genehmigung des Verlages.)

Wer bin ich? Ich bin ein Name. Ich bin Kind meiner Eltern. Ich bin hier. Ich bin jetzt. Ich bin ein Körper. Ich bin Füße. Ich bin Beine. Ich bin Knie, Schenkel, Geschlechtsorgane, Därme, Milz, Leber. Ich bin ein Herz. Ich bin Lunge. Ich bin Atem. Ich bin Stimmbänder. Ich bin ein Rückgrat, Rippen, Muskeln. Ich bin Augen, Ohren, Mund, Zunge, Zähne, Kiefer. Ich bin Gehirn. Ich bin Zellen. Ich bin Atome. Ich bin Leben. Ich lebe. Ich bin lebende Beine, ein lebender Bauch, ein lebendes Herz. Ich bin lebende Organe. Ich bin lebende Augen, lebende Haare, lebende Zellen. Ich bin Verlangen. Ich verlange nach Leben. Ich verlange nach Geborgenheit. Ich verlange nach Selbständigkeit. Ich verlange zu existieren. Ich verlange zu wachsen. Ich verlange zu wissen. Ich verlange zu lieben. Ich verlange geliebt zu werden.
Ich bin Bewußtsein. Ich bin mir meines Körpers bewußt. Ich bin mir meiner Umgebung bewußt. Ich bin mir anderer um mich herum bewußt. Ich bin mir meiner Vergangenheit bewußt. Ich bin mir bewußt, daß ich eine Zukunft habe. Ich bin mir meiner Sehnsüchte bewußt. Ich bin mir meiner Bestrebungen bewußt. Ich bin mir meiner Interessen bewußt. In bin mir bewußt, daß meine Liebe sich auf andere erstreckt, weit außerhalb meines Körpers. Ich bin mir bewußt, daß mein Widerwille gegen Menschen und Gruppen sich auf andere erstreckt, weit außerhalb meines Körpers. Ich bin mir bewußt, daß meine Vorgeschichte weit in die Zeit zurückgreift.

Ich bin mir bewußt, daß mein Leben einen Fortgang hat, weit in die Zukunft voraus. Ich bin Denken. Ich bin Gedanken. Ich bin Blitze der Erinnerung. Ich kann denken, an was und wen ich will. Ich bin Ideen. Ich bin Ideen über das Leben. Ich bin politische Ideen. Ich bin religiöse Ideen. Ich bin Theorien. Ich bin ein Teil großer Ideen, großer Theorien. Ich bin nur einer aus einer Gruppe. Ich bin nur einer aus einer Familie. Ich bin Mitglied vieler Gruppen. Ich bin Deutscher. Ich bin Europäer. Ich bin Teil der Menschheit. Ich bin zusammen mit Milliarden anderen. Ich bin Mensch.
Ich bin Teil der Geschichte der Menschen. Ich bin Teil des Wachstums und der Entwicklung. Ich bin Teil aufkommender Kulturen und untergehender Kulturen. Ich bin Teil des ganzen Entstehens und des Erblühens der menschlichen Geschichte. Ich bin von der Erde. Ich wohne auf der Erde. Ich bewege mich über die Erde. Ich bin Frucht der Erde. Ich bin auf Erden entstanden. Ich bin Teil der Fruchtbarkeit der Erde. Ich bin Teil des uralten, sich immer weiter fortsetzenden Lebens auf Erden. Ich habe meine Wurzel in der Urzeit, in der toten Materie. Ich lebe mit allen Leben auf Erden.
Ich lebe mit allen Leben auf Erden irgendwo im Universum. Ich lebe mit allen Leben auf Erden irgendwo in der Ewigkeit. Ich bin Teil eines ewigen Prozesses. Ich habe Anteil am ewigen Dasein. Ich bin ein Organ des ewigen Daseins. Ich bin Organ des kosmischen Daseins Gottes. Mein Leib ist Gottes Leben auf Erden. Mein Herz ist Gottes Liebe. Mein Verlangen ist das vage Bewußtsein der Ewigkeit Gottes. Ich bin eins mit allem Leben. Ich bin eins mit allem Dasein. Ich bin eins mit dem Universum. Ich bin eins mit Gott. Ein Akt der Liebe. Ein Akt der Freude. Ein Akt des Daseins.

Vielleicht werden Sie überrascht sein über die hohe „Dosis" Religion in diesem Text, überraschter um so mehr, als Sie nicht vermutet hätten, daß es positive Beziehungen zwischen dem Erfolg im Geschäftsleben sowie Religion und Moral geben könnte. Eigenartigerweise hat sich in den „Mythen" über wirtschaftlichen Erfolg festgesetzt, daß eigentlich nur die großen Gauner nach oben kommen, daß jeder, der dort angelangt ist, „Leichen im Keller" hat; daß man bereit sein muß, schmutzige und böse Dinge zu machen ... Und was des Scheinwissens mehr ist.
Es kann gar nicht abgestritten werden, daß viele Menschen auf unguten Wegen nach oben gekommen sind. Unsere allgemeine Faszination vom Bösen drängt solche Fälle in unsere Aufmerksamkeit. Weil wir uns selbst nicht wirklich trauen, böse zu sein, nehmen wir irgendwie „stellvertretend" teil an „Crime" und, meist auch, am „Sex". Solche Dinge würden ja die Menschen nicht so faszinieren, wenn sie nicht im einzelnen Menschen etwas zum Schwingen brächten.
Genauso sicher aber ist, daß längst nicht jeder, der Erfolg im Beruf hat, diesen auf unehrlichen Wegen erreicht. Das genaue Gegenteil ist richtig. Die meisten Menschen dienen ihrer Aufgabe, sind fair, loyal und gerecht. Und wenn sie Fehler machen, dann zuallererst sich selbst gegenüber. (Dies zu vermeiden, hilft die im Kasten abgedruckte Meditation.) Und wenn Sie sich den geraden Weg durchs Leben nicht zutrauen, sollten Sie um Ihrer eigenen Selbstachtung, Ihrer körperlichen und geistig-seelischen Gesundheit willen eigentlich Karrieregedanken vergessen.

Stufe 3 der Karriereleiter:

An den Erfolg glauben

Meditation ist nicht jedermanns Sache. Zur Meditation muß man sich Zeit nehmen und Ruhe haben, um sich selbst zu begegnen. Viele Menschen aber gehen sich selbst lieber aus dem Weg. Hierzu folgt nun die Textstelle, die der moderne Mensch, der sich immer nur Sekunden für sich selbst Zeit nehmen möchte, besser verstehen wird als den Meditationstext auf den vorhergehenden Seiten. Hier ist die „Erfolgsformel“ für alle, die immer mentalmäßig gut drauf sein wollen. Stellen Sie sich innerlich mit klarem Kopf vor, und sagen Sie sich selbst dann laut oder halblaut:
Ich kann es schaffen.
Solche Worte sind einfach. Ihr „Witz“ liegt weniger in ihrem Inhalt als vielmehr in der Art, wie sie angewandt werden. Durch die ständige Anwendung eines solchen Satzes werden nämlich andere Formulierungen aus unserem Denken und Empfinden verdrängt. Sie werden durch einfache Erfolgsformeln, wie die eben gegebenen, ihres Existenzrechts beraubt. Solche Sätze lauten z. B.:

- Ich muß es schaffen, sonst hält mein Vater mich für einen Versager.
- Ich will es schaffen, denn ich will viel Geld haben.
- Ich will nach oben, damit ich endlich einmal anderen Menschen gegenüber die Sau rauslassen kann ...

Weitere falsche Karrieremotive ließen sich problemlos aufzählen. Falsch ist an diesen Motiven für eine Karriere und

den Versuch, Erfolg im Leben zu haben, daß es hier nicht um die Sache selbst geht, sondern um die Fixierung auf sekundäre Belange, die mit Erfolg verbunden sein können.
Wenn Sie als Vertreter Erfolg haben wollen, müssen Sie Ihre Arbeit und nicht Ihr Auto lieben. Wenn Sie als Programmierer Erfolg haben wollen, müssen Sie vom Programmieren fasziniert sein – und nicht von der Macht, die daher kommt, daß Sie etwas tun, das kein anderer in der Firma durchschauen kann. Solche sekundären Ziele und Motive lenken von der eigentlichen Sache ab und behindern den Erfolg.
Es hilft allerdings nicht, sich die persönliche Erfolgsformel immer wieder einmal vorzusagen. Man muß mit ihr leben. Man muß seine gesamte Phantasiewelt immer wieder einbringen in dieses: „Ich kann es schaffen, ich will es schaffen, ich werde es schaffen."
Sie müssen den zukünftigen Erfolg quasi heute schon leben. So wie der Skirennläufer die Abfahrtspiste zu Fuß abläuft und jeden Zentimeter der Strecke so gut kennenlernt, daß er ihn in seinen Tagträumen vor seinem geistigen Auge Revue passieren lassen und sich selbst als Fahrer in diese Situation hineinvisualisieren kann – genauso müßten Sie Ihre Strecke nach oben immer wieder ins geistige Auge nehmen. Es gibt Managementtrainer, die Ihnen dabei helfen können. Vernünftiger ist es, sich an einen normalen Therapeuten zu wenden, der in vielfältiger Weise ein „Coach" für ein Leben sein kann, bei dem Erfolg nicht auf Kosten des Lebensglücks geht. Doch seien Sie gewarnt: Sein Leben auf wenige erfolgversprechende Formeln zu reduzieren ist intellektuell sehr unbefriedigend. Solche Formeln halten logischer Kritik und intellektueller Auseinandersetzung nicht stand. Und so mancher entscheidet sich dann mit Recht dagegen, seinen Intellekt, seine geistige Freiheit und den ganzen krausen und ungereimten Reichtum seiner Assoziationen dafür herzugeben, vom Abteilungs- zum Hauptabteilungsleiter befördert zu werden.

Hier liegt auch die Antwort dafür, warum intellektuelle Spieler und Feuilletonisten, Kreative und Querdenker selten oder nie an die Spitze eines Unternehmens kommen. Sie sind zu kompliziert, zu wenig gradlinig, zu blumig, zu vielfältig und zuwenig greifbar für ihre Umwelt. Aber auf Begreifbar-Sein kommt es bei Führungskräften in besonderer Weise an.

Haben Sie Leistungsmotivation?
Ist Ihr Erfolgspotential ausreichend groß?

Der in der Welt bekannteste Erforscher der Leistungsmotivation ist der amerikanische Harvard-Professor David McClelland. Er hat einen wirklich einfachen Test entwickelt, mit dem Menschen ihr berufliches Erfolgspotential herausfinden können – im Selbsttest oder bei anderen Menschen, indem sie sie testen. Dieser Test selbst ist so trivial, daß viele nicht an ihn glauben – allerdings gibt es verständige Menschen, die auf diesen Test schwören. Sie sitzen, wie die amerikanische Psychologin Dr. Joyce Brothers beschwört, in den Topetagen von renommierten amerikanischen Firmen wie General Electric oder Coca-Cola sowie von Unternehmen in Mexiko, Bombay und Hongkong. Wenn Sie den Test machen wollen, nehmen Sie sich ein einfaches Ringwurfspiel, wie Kinder es haben. Es besteht aus irgendeiner Art Dorn, über den aus einer bestimmten Entfernung ein Ring geworfen werden muß. Die Regeln für dieses Testwerfen sind mit dieser Beschreibung des Spiels bereits angegeben. Anders als im Kinderspiel werden Sie hier keine Linie vorgezeigt bekommen, von der aus Sie werfen sollen. Machen Sie es am besten als Spaß mit Freunden oder im Sommer auf einer Gartenparty, und zählen Sie mit, wie viele Ringe jeder Teilnehmer geworfen hat.

Auswertung:
Das Erfolgspotential eines Menschen zeigt sich, so Professor McClelland, in der Entfernung, die der einzelne für seine Würfe wählt. Ein niedriges Erfolgspotential haben Menschen, die so nahe herangehen, daß sie mit jedem oder fast jedem Wurf einen Treffer landen, bzw. die so weit weggehen, daß sie allerhöchstens Zufallstreffer landen können. Die einen wollen den Erfolg erzwingen, ohne eine Leistung zu erbringen. Die anderen verhindern selbst den eigenen Erfolg.
Der Mensch mit großem Erfolgspotential wird genau jene Entfernung für sich finden, bei der

- er sich keine „kindlichen" Vorteile holt,
- sich aber auch keine Situation zum direkten Scheitern „baut",
- jeder Wurf eine Herausforderung – aber eine lösbare – bedeutet.

„Love it or leave it" – der berühmte Harvard-Professor hat viele Jahre an diesem Test gearbeitet. Zumindest das Bild von sich als Ringwerfer sollten Sie im Auge behalten. Gehen Sie einmal die Zahl Ihrer Kollegen durch. Wer wirft von welcher Stelle? Wer schummelt, wer geht zu nahe heran, wer stellt sich ständig unlösbare Aufgaben?

Und wo stehen Sie, wenn Sie sich selbst eine Aufgabe stellen?

Stufe 4 der Karriereleiter:

Schließen Sie einen Vertrag mit sich selbst

Die meisten Menschen träumen von einer Karriere. Aber der Film ihrer „Traumfabrik" heißt „Denn sie wissen nicht, was sie tun ..." Damit Sie es wissen, schließen Sie den folgenden Vertrag mit sich selbst:

Der Karrierevertrag, den ich mit mir selbst schließe

Zeichnen Sie bitte auf den gestrichelten Linien ein, zu wieviel Prozent Sie den folgenden Aussagen zustimmen.

Ich freue mich darauf, jeden Tag eine Stunde mehr zu arbeiten als die Menschen, die sowieso schon als superfleißig gelten.
100 % ---------------- 0 %

Ich bin bereit, jeden Tag auf Abruf zu stehen und mehrere Feierabende in der Woche zu arbeiten.
100 % ---------------- 0 %

Ich richte mein Leben so ein, daß ich – ohne anderen Menschen sehr weh zu tun – noch am Freitagnachmittag den Auftrag übernehmen kann, bis zum darauffolgenden Montag geschäftlich unterwegs sein zu müssen.
100 % ---------------- 0 %

Ich bin bereit, ständig und frohen Herzens neu zu lernen.
100 % _______________ 0 %

Ich bin bereit, mich niemals auf meinem Wissen auszuruhen.
100 % _______________ 0 %

Ich bin bereit, ein Privatleben zu haben, bei dem Faulenzen, Freizeit und viele Vergnügungen oft hinter einem zurückstehen: dem **Funktionieren**.
100 % _______________ 0 %

Dasselbe verlange ich von meinem Lebenspartner.
100 % _______________ 0 %

Dasselbe verlange ich von meinen Kindern.
100 % _______________ 0 %

Dasselbe verlange ich von Verwandten und Freunden.
100 % _______________ 0 %

Ich bin bereit, an mir zu arbeiten.
100 % _______________ 0 %

Ich bin bereit, mir blindes Vertrauen anderen Menschen gegenüber, das ja auch ein Urvertrauen ist, abzugewöhnen.
100 % _______________ 0 %

Ich will aber deshalb nicht grundsätzlich jedem anderen Menschen mit Verdacht im Herzen begegnen.
100 % _______________ 0 %

Ich bin bereit, meine Unabhängigkeit an vielen Stellen aufzugeben und mich in ein großes Ganzes einzubringen.
100 % ________________ 0 %

Ich will in der Firma aber keine Abhängigkeit entwikkeln, sondern ein autonomer, selbständiger Mensch werden.
100 % ________________ 0 %

Ich bin bereit, Eigeninitiative zu entwickeln, die auch für andere Menschen sinnvoll ist und die nicht darin besteht, noch so gute Vorbilder zu übernehmen.
100 % ________________ 0 %

Ich bin bereit, eine eigene Integrität aufzubauen, die ein klares Bild von mir selbst abgibt, bei der aber nicht meine eigene Persönlichkeit, sondern ein wesentlicher Teil der Werthaltungen der Firma mit integriert worden sind.
100 % ________________ 0 %

Ich bin bereit, mit anderen Menschen mitzufühlen, ohne mit ihnen „persönlich" zu werden.
100 % ________________ 0 %

Ich bin bereit, die Tugend der Freigiebigkeit und Nächstenliebe abzubauen.
100 % ________________ 0 %

Ich bin noch mehr bereit, auf die Schwäche der Selbstsucht und des Egoismus zu verzichten.
100 % ________________ 0 %

Ich bin bereit, von eigenen Illusionen Abschied zu nehmen.
100 % ---------------- 0 %

Ich will mich zugleich von den Wünschen, Hoffnungen und Meinungen anderer Menschen nicht täuschen lassen.
100 % ---------------- 0 %

...
Ort, Datum .... Ihre Unterschrift

Es wird Ihnen vielleicht eigenartig vorkommen, mit sich selbst einen Vertrag zu schließen. Was hier aber aufgezählt worden ist, sind einige der Einschränkungen für einen Menschen, der Erfolg im Beruf haben will. Erfolg bedeutet Arbeit, vor allem Arbeit an sich selbst. Verbunden damit ist – wie man es dreht und wendet – eine gewisse Rücksichtslosigkeit der eigenen Familie und den Freunden gegenüber. Das bietet aber auch die Chance, das eigene Menschsein zu großen Entwicklungshöhen zu führen.
Entscheiden Sie selbst, ob Sie dies alles wollen. Dann sollten Sie in allen Bereichen, die in dem „Vertrag mit mir selbst" angesprochen worden sind, in Ihren Antworten nahe bei hundert Prozent liegen.
Für viele Menschen wird es wichtiger sein, sehr klar zu sagen, daß sie ihre menschlichen Ziele nicht zugleich mit beruflichem Erfolg koppeln wollen. Ein klares Nein zur großen Karriere – vielleicht kann dieser kurze „Vertrag mit sich selbst" Ihnen dazu verhelfen. Wenn Sie sich hier die Klarheit holen, heißt das überhaupt nicht, daß Sie innerlich aus dem Arbeitsleben aussteigen müssen, im Gegenteil: Die durch Klarheit neu gewonnene Frische und Ausstrahlung

wird es sicher mit sich bringen, daß Sie weiter ein geschätzter und beförderter Mensch im Arbeitsleben bleiben. Aber eben einer, der vielleicht den Marschallstab im Tornister hatte, der sich aber rechtzeitig dieses Gepäcks entledigt hat, um mit leichteren Schritten durchs Leben zu gehen.

Stufe 5 der Karriereleiter:

Schließen Sie einen Vertrag mit Ihren Lieben

Hier sehen Sie ein Vertragsformular, das dem vorhergehenden ähnlich ist. Es zielt diesmal aber auf Ihren Lebenspartner oder Ihre Lebenspartnerin hin. Dieser wichtige Mensch in Ihrem Leben muß Ihre Karrierebestrebungen zumindest tolerieren, besser aber noch: unterstützen. Sonst gibt es Probleme in der Partnerschaft. Prüfen Sie einmal, ob Ihr Partner/Ihre Partnerin die folgenden Aussagen vollen Herzens bejaht. Wenn nicht, möchte ich Ihnen im Ernst vorschlagen, eine Partnertherapie zu machen, weil Sie beide in Ihren Vorstellungen vom Leben und Zusammenleben an Hürden stoßen könnten, die schwer zu überwinden sind.
Dieser Rat ist als Vorbeugung gemeint – gerade so, wie kluge Menschen Kontrolluntersuchungen beim Arzt vornehmen lassen und mit ihrem Auto zur Inspektion gehen.
Wenn Sie beide sich nicht einigen können, denken Sie ernsthaft an einen Kompromiß und machen Sie das, was ein Norbert Blüm vielleicht erfinden würde: „Teil-Karriere“. Verzichten Sie darauf, der Führer der Karawane zu werden, was aber auch den Vorteil hat, daß Sie garantiert nie als Kamel enden werden.

Der Karriere-Vertrag, den ich mit meiner Lebenspartnerin/meinem Lebenspartner schließe

Zeichnen Sie bitte auf den gestrichelten Linien ein, zu wieviel Prozent Sie den folgenden Aussagen zustimmen.

Ich freue mich darüber, daß mein Lebenspartner jeden Tag eine Stunde mehr arbeitet als die Menschen, die sowieso schon als superfleißig gelten.
100 % --------------- 0 %

Ich bin willens, jeden Tag auf Abruf bereitzustehen und meinen Lebenspartner mehrere Feierabende in der Woche nicht zu sehen.
100 % --------------- 0 %

Ich richte mein Leben so ein, daß ich – ohne daß es mir weg tut – noch am Freitagnachmittag den Anruf bekommen kann, daß mein Lebenspartner bis zum darauffolgenden Montag geschäftlich unterwegs sein wird.
100 % --------------- 0 %

Ich bin bereit, ständig und frohen Herzens neue Entwicklungen in unserem Zusammenleben zu akzeptieren.
100 % --------------- 0 %

Ich bin bereit, niemals eine Sicherheit in unserem Zusammenleben zu verlangen.
100 % --------------- 0 %

Ich bin bereit, ein Privatleben zu haben, bei dem Faulenzen, Freizeit und viele Vergnügungen oft hinter einem zurückstehen: dem Funktionieren.
100 % --------------- 0 %

Dasselbe verlange ich von meinem Lebenspartner.
100 % _______________ 0 %

Dasselbe verlange ich von meinen Kindern.
100 % _______________ 0 %

Dasselbe verlange ich von Verwandten und Freunden.
100 % _______________ 0 %

Ich bin bereit, an mir zu arbeiten und mich ständig den Erwartungen zu stellen, die von außen an mich herangetragen werden.
100 % _______________ 0 %

Ich bin bereit, Menschen, die mein Lebenspartner ins Haus bringt, immer fröhlich und offen zu begegnen.
100 % _______________ 0 %

Ich verhalte mich so auch zu Menschen, denen gegenüber ich kein gutes Gefühl entwickeln kann.
100 % _______________ 0 %

Ich bin bereit, eine Unabhängigkeit an vielen Stellen aufzugeben und mich in ein großes Ganzes einzubringen, das den Anforderungen des Unternehmens, für das mein Lebenspartner tätig ist, angepaßt ist.
100 % _______________ 0 %

Ich werde aber keinen Streit scheuen, wenn ich merke, daß mein Lebenspartner ein Kadertyp wird und aufhört, ein autonomer, selbständiger Mensch zu sein.
100 % _______________ 0 %

Ich werde Eigeninitiative entwickeln, um die beruflichen Vorstellungen meines Lebenspartners gesellschaftlich „abzusichern“.
100 % _______________ 0 %

Ich bin bereit, eine eigene Integrität aufzubauen, die ein klares Bild von mir selbst abgibt, bei der aber nicht meine eigene Persönlichkeit, sondern ein wesentlicher Teil der Werthaltungen der Firma mit integriert worden sind.
100 % _______________ 0 %

Ich bin bereit, mit anderen Menschen mitzufühlen, ohne mit ihnen „persönlich“ zu werden.
100 % _______________ 0 %

Ich bin bereit, die Tugend der Freigiebigkeit und Nächstenliebe abzubauen.
100 % _______________ 0 %

Ich bin noch stärker bereit, auf die Schwäche der Selbstsucht und des Egoismus zu verzichten.
100 % _______________ 0 %

Ich bin bereit, von eigenen Illusionen Abschied zu nehmen.
100 % _______________ 0 %

Ich will mich zugleich von den Wünschen, Hoffnungen und Meinungen anderer Menschen nicht täuschen lassen.
100 % _______________ 0 %

_______________ _______________

Ort, Datum Unterschrift meines Lebenspartners

Was hier angesprochen wird, ist klar: Sie werden keine Karriere gegen den Wunsch und Willen Ihres Lebenspartners/Ihrer Lebenspartnerin machen können. Prüfen Sie sich gegenseitig, was Sie vom anderen und vom Leben erwarten.

Stufe 6 der Karriereleiter:

Lernwillig und lernfähig sein

Beruflicher Erfolg hängt von nichts mehr ab als von einem Verzicht auf falsche Sicherheiten im Leben. Die schlimmsten Sicherheiten, die man haben kann, sind die eigenen Vorurteile. Wenn es einen Grund gibt, beruflich Erfolg zu haben, dann den, daß man dadurch lernt, sich wirklich in der Realität zu bewegen und nicht in der eigenen Traumwelt. Um dieses mit Erfolg zu machen, ist es wichtig:

- ständig dazuzulernen,
- die eigenen Schwächen zu kennen,
- die eigenen Stärken genauso zu kennen,
- zu wissen, wo man mehr als nur Stärken besitzt.

Dazu will das folgende Testschema zu „Lernfeldern" Ihnen helfen.

Beschränken Sie sich bei der jetzt folgenden Tabelle nicht darauf, nur Ihr eigenes Urteil abzugeben, sondern prüfen Sie Ihr Urteil anhand der Einschätzungen durch andere Menschen. Suchen Sie sich einige Personen, denen Sie vertrauen und die Ihnen nicht übelwollen. Schließen Sie nach Möglichkeit Ihren Lebenspartner hier nicht ein (es sollte Ihnen über Ihr Leben sagen, wenn Sie bei nur drei gesuchten Vertrauenspersonen bereits auf Ihren Lebenspartner zurückgreifen müssen).

Tragen Sie bitte in Zeile 2 bis 11 die zehn wichtigsten Dinge ein, die in Ihrem Beruf und für Ihre angestrebte Karriere von Bedeutung sind.

Lernfelder: Wo bin ich gut, wo könnte ich besser sein

Ziel: Entdecken Sie Ihre Stärken und Schwächen, und haben Sie den Mut, beides vor anderen Menschen offenzulegen.

Fachgebiet	Welche Schulnote gebe ich mir hier selbst?	Welche Schulnote gibt mir hier ___ ?	Welche Schulnote gibt mir hier ___ ?	Welche Schulnote gibt mir hier ___ ?	Welche Schulnote gibt mir hier ___ ?	Welche Schulnote gibt mir hier ___ ?
1 Fachwissen allgemein						
2						
3						
4						
5						

6						
7						
8						
9						
10						
11						
12 Fremdsprachen						
13 Perfektes Deutsch						
14 Naturwissenschaftliche Kenntnisse						
15 Computerkenntnisse						
16 Wissen um richtige Bekleidung						
17 Richtige und wichtige Tischmanieren						
18 Die in meinem Umfeld wichtigen kulturellen Interessen						
19 Die in meinem Umfeld wichtigen sportlichen Interessen						
20 Die in meinem Umfeld wichtigen allgemeinbildenden und politischen Informationen						

Der Grund dafür, den Lebenspartner hier bei einer Beurteilung Ihrer Person und Ihrer Leistung auszuschließen, ist einsichtig: In einer guten Partnerschaft hängt man vom jeweils anderen ab. Die Verführung ist deshalb groß, den anderen in eine Richtung zu lenken, die einem selbst gedeihlicher ist als dem Partner.

Deshalb ist es so wichtig im Leben, Freunde zu haben. Nicht wegen der großen Zahl der Feinde – die Welt ist gar nicht so feindlich, wenn man ihr selbst nicht feindlich entgegentritt –, sondern als Schutz davor, von den Gottesanbeterinnen und Gottesanbetern gefressen zu werden.

Stufe 7 der Karriereleiter:

Von anderen Menschen lernen

Es gibt mehrere Gründe, warum Lernen für die Karriere wichtig ist, einige sollen hier genannt werden:

- Wer bereit ist zu lernen, ist erst einmal bereit, eine Situation oder einen Menschen zu verstehen, bevor er/sie versucht, Situationen oder Menschen „nach eigenem Bilde“ zu formen. Viel ungutes Aufeinanderprallen von Menschen wird so verhindert. Freundschaften und Respekt voreinander werden gefördert. Viele Fehlurteile über Situationen werden so vermieden.

- Wer ständig lernbereit ist, vermeidet Katastrophen. In dramatischen Situationen, die Orientierungslosigkeit auslösen, ist die Bereitschaft zu lernen stark ausgeprägt. Allerdings bringt solches „Schock-Lernen“ oft nicht sonderlich viel. Meist hat man dann nämlich so viel mit dem aktuellen Krisenmanagement zu tun, daß wirkliche innere Ruhe fürs Lernen nicht vorhanden ist.

- Die normale Lernbereitschaft reicht für Führungsaufgaben nicht aus. Lernen orientiert sich zumeist an der normalen Erfahrung. Die Ereignisse des real existierenden Lebens werden dann meist genutzt, um das Gelernte zu bestätigen oder allerhöchstens in kleinen Nuancen zu korrigieren. Diese Art von Lernen ist wichtig, aber sie reicht nicht aus, um Krisen, die sich gerade erst anbahnen, frühzeitig vorauszuahnen.

Ungewöhnliche Menschen, ungewöhnliche Entwicklungen

Ziel: Kleine Situationen festhalten, die einen Lerneffekt beinhalten könnten und sollten, die aber schnell vergessen werden, weil sie zumeist nicht dramatisch sind.

	Datum	Ort der Begebenheit	Person/en bei der Begebenheit	Stichworte, um mich wieder an diese Situation erinnern zu können	Gibt es andere Muster, die Ihnen aus früheren Situationen vertraut sind?	Freund/Freundin fragen, wie er/sie die Situation als Außenstehender beurteilt	Wie haben Sie sich gefühlt: stark/schwach	Wie haben Sie sich gefühlt: ängstlich/frei	Wie haben Sie sich gefühlt: partnerschaftlich/überheblich	Waren die Personen Ihnen sympathisch/unsympathisch

Wer seine Lernfähigkeit und Wissensbegierde auf folgende Aussage beschränkt: „Das haben wir schon immer so gemacht – so ungefähr wird das auch in der neuen Situation hinhauen“, qualifiziert sich nicht für Führungsaufgaben.

- Schließlich geht es darum, durch Lernfreude und Wissensbegierde Grundmuster im eigenen Leben aufzuspüren. Hier handelt es sich um die Anwendung einer der großen Erkenntnisse von Sigmund Freud, die er unter dem Begriff „Wiederholungszwang“ zusammengefaßt hat.

Freud meinte damit, daß sich bestimmte Grundmuster im Leben eines Menschen immer wiederholen, geradezu als ob jemand zwangsweise darauf hinsteuern würde. Aus der Partnertherapie weiß man z. B., daß Frauen, die schlagenden Eltern glücklich entronnen sind, oft an schlagende Liebhaber und Partner geraten. Ein Wiederholungszwang liegt auch vor, wenn bestimmte Menschen, ohne daß wir es groß merken, in uns Angst oder unverdiente Achtung auslösen. Auch diesen Mechanismen kommt man mit Hilfe einer List, wie der gleich folgenden, leichter auf die Spur.

Stufe 8 der Karriereleiter:

Leistungs-Spitzenzeiten herausfinden

Die Menschen sind verschieden. Jeder hat seinen eigenen Rhythmus – aber so unterschiedlich können die Rhythmen nicht sein, denn wir alle brauchen Schlaf und suchen diesen Schlaf in aller Regel während einer 24-Stunden-Periode.
Es gibt Morgenmenschen und Nachtmenschen, außerdem finden sich viele „Mischformen", bei denen man nicht genau weiß, ob einem eine „Nachtigall" oder die „Lerche" entgegenkommt. Und die meisten Menschen wissen es selbst auch nicht.
An all diese wendet sich dies Kapitel mit seinem Rat zur Zeiteinteilung. Geben möchte ich Ihnen einen Standard-Tagesablauf, der für die meisten Menschen Bekanntes aufzählt. Das soll zur Orientierung dienen und Ihnen die Möglichkeit geben, Ihren eigenen Tageslauf an den direkten Uhrzeiten oder aber auch an den Abständen zwischen den einzelnen Perioden zu überprüfen.

06.00 Uhr: Der „Standardmensch" wird jetzt von seinen Organen her langsam wach. Der Blutdruck steigt an, das Herz beginnt schneller zu schlagen, Traubenzucker und Aminosäuren (Eiweißbestandteile) gelangen vermehrt ins Blut. Die Zellen gewinnen Energie für ihre Arbeit. Sogar Adrenalin und Noradrenalin, die Streßhormone aus dem Nebennierenrindenmark, werden ausgestoßen.

07.00 Uhr: Das Verdauungssystem arbeitet blendend. Dieser Zeitpunkt ist günstig für ein ausgiebiges Frühstück. Es ist auch die Zeit, auf die Toilette zu gehen. Das männliche Sexualhormon Testosteron ist morgens um 7.00 Uhr zu 40 % mehr im Blut enthalten als etwa um Mitternacht. Es ist eine der Tragiken des Karrieremannes, daß er gerade um diese frühe Uhrzeit schon so sehr mit seiner Karriere beschäftigt zu sein hat.

10.00 Uhr: Nachdem der Körper sich „aufgerappelt“ hat, fängt auch der Geist richtig an zu funktionieren.

11.00 – 12.00 Uhr: Die meisten Körperfunktionen erreichen hier Spitzenwerte. Dies ist für den Standardmenschen die produktivste Phase des Tages.

12.00 Uhr: Langsam läßt zu diesem Zeitpunkt die Leistungsfähigkeit nach.

13.00 – 15.00 Uhr: Jetzt ist das Mittagstief erreicht. Die Leistungsfähigkeit, sowohl die körperliche als auch insbesondere die geistige, geht rapide zurück.

15.00 Uhr: Langsam steigt jetzt die Leistungsfähigkeit wieder an.

17.00 Uhr: Ein zweites Tageshoch der Leistungsfähigkeit ist erreicht. Das zeigt sich u. a. auch dadurch, daß Alkohol jetzt sehr viel besser vertragen wird als zu früheren Zeiten des Tages. Dies soll keine Aufforderung dazu sein, jetzt mit dem Trinken zu beginnen, sondern die Warnung, vor 17.00 Uhr zu trinken.

18.00 Uhr: Langsam setzt ein Trend in Richtung Ruhe und Erholung ein.

19.00 Uhr: Die körperlichen Reaktionen flauen ab. Erholsame und unterhaltsame geistige Tätigkeiten sind durchaus noch angesagt. Gerade weil der Körper alle auf ihn eindringenden Belastungen nicht mehr mit erhöhter Aktivität beantwortet, führt diese innere Ausgeglichenheit zu guten Lebensphasen, z. B. zu guten Leistungen als Autofahrer.

21.00 Uhr: Die Verdauungsorgane „gehen zur Nachtruhe". Schwerverdauliches Essen wird jetzt nicht mehr so rapide wie tagsüber abgebaut und belastet deshalb den Nachtschlaf.

23.00 Uhr: Späteste Bettzeit.

Leistung und Uhrzeit

Ziel: Erkennen Sie im Vergleich zum „Standardmenschen", wann Ihre Phasen größter Leistung sind. Richten Sie Ihre Anforderungen entsprechend ein (wenn Sie können).

Uhrzeit	Zu dieser Zeit ist der Standardmensch so in Form:	Wie bin ich selbst in Form?
6.00 – 8.00 Uhr	gering	
8.00 – 10.00 Uhr	mäßig	
10.00 – 12.00 Uhr	hoch	

12.00 – 13.00 Uhr	mittel	
13.00 – 15.00 Uhr	sehr gering	
15.00 – 17.00 Uhr	ansteigend	
17.00 – 18.00 Uhr	hoch	
18.00 – 20.00 Uhr	mäßig	
ab 20.00 Uhr	gering	

Sind Sie „Nachtigall" oder „Lerche"?

1. Wenn Sie nachts um 4.00 Uhr jemanden vom Bahnhof abholen müßten – würden Sie dann vorher ins Bett gehen oder die Nacht bis dahin durchmachen?
Wenn Sie lieber durchmachen, sind Sie ein Abendmensch.
2. Haben Sie einmal eine ganze Woche lang nichts zu tun gehabt? Gedacht ist hier an Urlaub, und zwar möglichst an die zweite oder eine noch spätere Urlaubswoche, in der Sie sich vom Arbeitsstreß bereits erholt haben. Erinnern Sie sich: Wann sind Sie damals ins Bett gegangen? Sehr viel früher, als Sie als „Abendmensch" von sich immer gedacht hätten?
Dann sind Sie eher ein „verhinderter Morgenmensch".
3. Brauchen Sie morgens einen „Hammer" (starken Kaffee), um in Schwung zu kommen?
Dann geht es Ihnen wie den meisten Abendmenschen, die nach der in westlichen Industrieländern gültigen Zeiteinteilung meist etwas zuwenig Schlaf bekommen.
4. Haben Sie morgens guten Appetit?
Wenn ja, sind Sie eher ein Morgenmensch.
5. Wachen Sie morgens von alleine auf?
Wenn ja, sind Sie ein Morgenmensch.
6. Können Sie sich morgens bereits mit kaltem Wasser waschen oder kalt duschen? Machen Sie dies gerne?
Wenn ja, dann sind Sie ein Morgenmensch. Abendmenschen brauchen eher die Behaglichkeit und schrecken morgens vor kaltem Wasser eher zurück.

Die Testfragen im Kasten sind von Dr. med. Karl J. Pflugbeil zusammengestellt worden. Pflugbeil hat jahrelang als Chefarzt des Schwarzwald-Sanatoriums Obertal Erfahrungen mit Lebensrhythmen von Menschen gemacht, die er in seinem Buch *BIO-Topping* zusammengestellt hat. Es gibt keine eindeutigen Antworten auf die Fragen; auch Morgenmenschen können die kalte Dusche fürchten. Pflugbeils kleiner Fragenkatalog sollte Ihnen aber ersten Aufschluß darüber geben, ob Sie ein Morgenmensch, also eine Lerche, oder ein Abendmensch, eine Nachtigall, sind.
Falls Sie aufgrund dieser Fragen den Verdacht haben, eine Zeiteinteilung „wider Ihre Natur“ zu absolvieren – sich als Morgenmensch etwa bis spät in die Abendstunden auf gesellschaftlichen Veranstaltungen herumzudrücken –, dann sollte Ihr Impuls vorhanden sein, Ihre Lebensplanung zu revidieren.

Stufe 9 der Karriereleiter:

Streß frühzeitig abwehren

Vernünftig geführte Organisationen vertrauen auf Frühwarnsysteme. Der Sinn dieser Systeme ist klar: Man will reagieren, bevor Krisenzeiten „Krankheitswert“ bekommen und destruktiv werden. Und man will auf der anderen Seite Anzeichen einer positiven Entwicklung früher als die Mitbewerber erkennen. Vertrauen auch Sie auf ein Frühwarnsystem, wenn es um Ihre Gesundheit geht. Denn es ist fatal, daß viele der schweren Leiden, die heute an der Spitze der Todesursachen stehen, allein durch eine vernünftige Lebensführung verhindert (oder im Eintritt hinausgezögert) werden können und eine manchmal in Jahrzehnten zu bemessende Inkubationszeit haben.

Anders als bei einem Beinbruch ist es mit einer Behandlung ganz oft schon zu spät oder doch fünf vor zwölf, wenn die Symptome so gravierend sind, daß auch der „unheilbar Gesündeste“ sie nicht mehr bei sich übersehen kann. Dies gilt für die meisten Herzerkrankungen, für Auto-Immunerkrankungen (Gicht, Rheuma, möglicherweise Multiple Sklerose) und für viele Krebserkrankungen.

Männer sollten hier von Frauen lernen. Ein frühzeitig erkannter Brustkrebs ist heute bereits mit Erfolg behandelbar. Ein einmal aufgetretener Herzinfarkt macht aus den meisten Menschen, die ihn überleben, zumeist Rehabilitations-Patienten. Mit der Karriere oder mit dem Genießen der Früchte des eigenen Erfolgs ist es dann vorbei.

Ob Sie auf frühe Symptome, die eine Gesundheitsgefährdung anzeigen, achten, können Sie sich mit einem Test, der

nur aus einer Frage besteht, selbst beantworten. Die Frage lautet: *Haben Sie Plomben?*
Karies ist weitgehend durch die Lebensführung bedingt (und nur durch eine entsprechende Lebensführung bei eventuell genetischer Anlage zu Zahnleiden verhinderbar oder hinausschiebbar). Sie müssen sich vernünftig ernähren und die Zähne vernünftig putzen. Wenn Sie es nicht tun, werden Sie unweigerlich jenseits der Lebensmitte die Zeche dafür zahlen. Wenn Sie also bereits in jungen Jahren Plomben haben/hatten, kann man sagen: Sie achten nicht genug auf frühe Krisensignale.
Es ist jedoch sehr wichtig, Streß frühzeitig zu erkennen. Streß ist ein Sammelbegriff. Er steht für zu intensive und unangenehme Anforderungen an Menschen („Mein Chef streßt mich“) und genauso für die Reaktion eines Menschen auf diese Anforderungen: die körperliche wie auch die geistig-seelische. Es gibt eine Reihe von Belastungssymptomen, deren enger Zusammenhang mit Streß von vielen Menschen nicht gesehen wird. Machen Sie den folgenden Test, der einige dieser Symptome zusammenstellt.
Auch wenn Sie am Beginn einer beruflichen Karriere vor Kraft schier zu bersten scheinen, sollten Sie so vernünftig sein, eine langfristige Schädigung Ihrer Leistungsfähigkeit wie auch Ihrer Genußfähigkeit frühzeitig aus Ihrem Leben auszuschließen.
Denken Sie daran: Selbst bei einer einfachen Erkältung kommt es nicht so sehr darauf an, ob wir eine Ansteckung vermeiden. Wir sind alle Virenträger. Ob eine Krankheit ausbricht oder nicht, hängt weitgehend davon ab, ob unser Immunsystem in der Lage ist, Krankheitserreger erfolgreich zu bekämpfen. Ob Sie mit Mitte Vierzig noch über Ihre volle Arbeitskraft verfügen, entscheidet sich am Beginn Ihres Arbeitslebens. Es hängt von dem Streß ab, den Sie sich dann zumuten.
Der folgende Test wurde von einem der bedeutendsten Angstforscher unserer Zeit, dem Psychologen Professor

Charles Spielberger, entwickelt. Der Test mißt einen grundlegenden Charakterzug, nämlich die Bereitschaft zum Ärger. Es geht dabei nicht um Ärger in konkreten Situationen, in denen es sehr wohl sinnvoll sein kann, sich zu ärgern, sondern um die grundlegende Bereitschaft, mit Ärger zu reagieren, wenn andere Leute noch ruhig bleiben. Spielbergers Test ist ein Maß für Streß im Leben, sogar auf doppelte Weise: Zum einen ist offensichtlich, daß Menschen, die sich schnell ärgern, streßbehaftet sind; zum anderen erleben diese Menschen, die oft aus der Haut fahren, daß sie damit andere Menschen ebenfalls zu aggressiven Reaktionen provozieren. So kann Ärger zur bestimmenden Größe des Lebens werden. Bitte kreuzen Sie das für Sie Entsprechende an.

Zur Auswertung des Tests zählen Sie die von Ihnen angekreuzten Punktzahlen zusammen, und vergleichen Sie sie mit dieser Tabelle:

Frauen:	28	23	21	18	15	14	12
Männer:	28	23	21	17	14	13	11

Männer, die 17, und Frauen, die 18 Punkte erreicht haben, liegen auf dieser Ärger-Skala genau in der Mitte. Werte unterhalb von 14 (für Frauen) und 13 (für Männer) sind günstig. Sie bleiben in Situationen, in denen andere Menschen provoziert werden, unbeeindruckt. Werte oberhalb von 23 bedeuten, daß Sie zu den Hitzköpfen gehören, deren Leben durch viel (bzw. zuviel) Ärger geprägt ist.

Haben Sie zuviel Streß im Leben?

	So gut wie nie	Manch-mal	Oft	Fast immer
Ich bin leicht erregbar	1	2	3	4
Ich habe ein aufbrausendes Temperament	1	2	3	4
Ich bin hitzköpfig	1	2	3	4
Ich werde ärgerlich, wenn mich Fehler anderer Menschen aufhalten	1	2	3	4
Ich werde böse, wenn ich für gute Arbeit, die ich geleistet habe, keine Anerkennung erhalte	1	2	3	4
Ich neige dazu zu explodieren	1	2	3	4
Bei Zornesausbrüchen werde ich beleidigend	1	2	3	4
Es macht mich wütend, wenn ich vor anderen Menschen kritisiert werde	1	2	3	4
Wenn ich frustriert bin (in der ursprünglichen Bedeutung des Wortes: wenn ich am Erreichen eines persönlichen Ziels gehindert werde), könnte ich zuschlagen (gemeint sind hier nicht nur die großen persönlichen Lebensziele, sondern auch kleine Dinge wie das Erledigen einer vorgenommenen Arbeit)	1	2	3	4
Mich packt die Wut, wenn ich eine Arbeit ordentlich erledigt habe und sie dennoch negativ bewertet wird	1	2	3	4

Stufe 10 der Karriereleiter:

Machen Sie einen positiven Eindruck

Dieser Punkt ist so wichtig, weil er sehr oft übersehen wird – speziell von hoch leistungsmotivierten Menschen, die einfach glauben, sie würden um ihrer Leistung willen anerkannt, geliebt, geehrt und befördert werden.
Um ein sehr drastisches Gegenbeispiel zu dieser Annahme anzuführen: Wer nur mit seiner Leistung und seinen Produkten Anerkennung und Erfolg erringen will, ist in seiner menschlichen Entwicklung ungefähr auf der Stufe des Zweijährigen stehengeblieben, der seinen Eltern stolz den vollgemachten Nachttopf präsentiert.
Allein für das, was man macht und ist, anerkannt zu werden, ist ein Privileg von Stars, seien es nun Stars im Kinderzimmer, im Ashram – die Gurus –, seien es Männer oder Frauen, die sich vor Verehrerinnen und Verehrern nicht wehren können, oder – und das ist am häufigsten der Fall – sei es, daß man auf Menschen trifft, die einem das Fell über die Ohren ziehen wollen und sich einschmeicheln.
Wenn Sie einmal richtige Schmeicheleinheiten brauchen, ziehen Sie sich gut an, lassen Sie die Statussymbole und die Geldscheine heraushängen und gehen Sie zu einem Immobilienmakler oder einem Gebrauchtwagenhändler. Jedem ist offensichtlich, was dann passiert.
Und denken Sie immer daran: Auch Ihre Vorgesetzten sind „Trickser" und „Über-den-Tisch-Zieher". Diese Taktik werden sie Ihnen gegenüber anwenden.

Man wird Ihrem Narzißmus solange schmeicheln, wie Sie für ein paar nette Worte ein Vielfaches an Gegenleistung erbringen. Dies sei allen „Kreativen“ gesagt, die in einem ihrer schmuddeligsten Pullover zur Arbeit erscheinen und sich dafür einhandeln, als „unser Genie“ gelobt zu werden, die aber arbeiten müssen wie zwei Genies und bezahlt werden wie ein besserer Sachbearbeiter.
Wer sich, um ein paar persönliche Marotten nicht aufgeben zu müssen, darauf kapriziert, im Arbeitsleben als „Individualist“ aufzutreten, kommt nicht weit. Denn Führungskräfte suchen vor allem Gleichgesinnte, die in Stil, Fleiß und Faulheit sowie Auftreten zeigen, „das ist einer von uns, dem kann man trauen, bei dem wissen wir, wie er reagiert ...“
Erkennen Sie, welcher Stil an jenem Ort gefragt ist, an dem Sie Karriere machen möchten. Dann ist es am einfachsten, diesen Stil zu imitieren – in Bekleidung, in Manieren, in Worten und im sonstigen Verhalten. Das ist die Karrieretechnik der Menschen, die sonst nicht viel können. Sie glauben, irgend jemandem „unten reinkriechen“ zu können, um dann „oben groß rauszukommen“. Mit diesen „Typen“ müssen Sie rechnen – und sie auf Ihrem Weg nach oben erst einmal überholen.
Besser ist es, wenn Sie einen eigenen Stil entwickeln oder entwickelt haben und ihn mit dem Firmenstil zu einer eigenen Synthese bringen.
Denken Sie daran: Der erste Eindruck entsteht nicht nur durch Äußerlichkeiten, nicht durch die Kleidung und die *Fiàncial Times* sowie das richtige Deodorant, sondern vor allem auch durch Ihren „verbalen Auftritt“.
„Was sagen Sie, nachdem Sie ‚Hallo‘ gesagt haben?“ fragte vor Jahren der österreichisch-amerikanische Psychologe Eric Berne in einem Buch. Wo sind Ihre direkten Anknüpfungspunkte für ein Gespräch, das manchmal nicht direkt auf die berufliche Sache zusteuern kann? Was wissen Sie von Ihren Kollegen, Vorgesetzten, Untergebenen, Kunden?

Ein Wiener Psychologen-Kollege von Eric Berne, der um eine Generation ältere Sigmund Freud, hat besonders darauf hingewiesen, daß uns Menschen eine Information vor allem dann interessiert, wenn andere Menschen unsere eigenen Interessen „in Schwingung“ bringen. Berühren diese Menschen unsere Desinteressen, neigen wir sehr schnell dazu, alles über sie zu verdrängen und zu vergessen. So berichtet Freud von sich selbst, daß er eigentlich immer pünktlich war, es sei denn, es ging um Patienten, die er gratis behandelte.
Wissen muß man dazu, daß Freud sehr stark hinter dem Geld her war und zeitlebens einen Verarmungskomplex gehabt hat, der durch seine objektiv gegebene materielle Situation nicht gerechtfertigt war. So berichtet es jedenfalls ein anderer Wiener, der als Kind mit seinen Eltern des öfteren bei den Freuds zu Besuch war: Peter Drucker, der „Guru“ der Management- und Erfolgswissenschaften der heutigen Welt. Das bedeutet, daß unbewußte Motive vorliegen können, wenn Sie sich anderen gegenüber schlecht benehmen.
So vergessen Sie z. B. am ehesten die Namen der Menschen, mit denen Sie Probleme haben. Die folgende Tabelle dient dazu, hier zu einem rationaleren Verhalten zu kommen.
Tragen Sie auf der folgenden Kopiervorlage ganz einfach einmal in der linken Spalte die Namen all der Menschen ein, denen Sie beruflich begegnen, die Ihnen wichtig sein könnten und die Sie nicht mögen. Haben Sie keine Hemmungen: Nicht jeder mag alle Menschen, er mag sich noch so sehr dazu zwingen, dieses vor sich selbst zu verleugnen. Da gibt es Menschen, die Ihnen überlegen sind, die Sie verachten (weil Sie sich überlegen fühlen und weil Sie noch in einem so frühen Stadium der menschlichen Reife sind, daß Sie in hierarchischen Kategorien denken und Macht für das Schmiermittel des Erfolgs halten).
Hier sind die Namen all derer, über die Sie persönliche Informationen (jedenfalls solche Dinge, die nicht bösartig

sind und die sich in einem normalen Gespräch im Plauderton als Anknüpfungspunkt eignen) am ehesten vergessen. Fügen Sie dann in der Liste jene Namen von Menschen ein, für die Sie schwärmen. Auch hier ist die Gefahr groß, daß diese Menschen Ihrer partiellen Verdrängung anheimfallen. Denn es kann sich um eine unerwiderte Schwärmerei handeln, was dann in Enttäuschung ausartet, die Sie sich aber nicht eingestehen und die Sie deshalb mit Verdrängung und anderen psychischen Abwehrmechanismen kompensieren. Oder Sie projizieren so viel von Ihren eigenen Wesenszügen in diese Menschen hinein, daß Ihnen entgeht, wie diese Menschen in Wirklichkeit sind und wie sie leben.

Was Sie also machen sollen, ist dasselbe, was die erfolgreichen Bundesliga-Torhüter machen: Sie haben eine genaue Kartei aller Elfmeter-Schützen. In ihr vermerken sie, ob diese Schützen mit dem linken oder mit dem rechten Bein schießen, ob stramm oder plaziert und wohin sie den Ball schießen.

Vor einem Spiel gehen Sie diese Liste noch einmal durch und erinnern sich so an die Vorlieben und Schwächen der Elfmeter-Schützen, auf die Sie jetzt treffen. Glück hat auf die Dauer eben nur der Tüchtige.

Tagebuch der Begegnungen

Ziel: Die meisten erfolgsmotivierten Menschen sind so sehr auf die beruflichen Dinge konzentriert, daß sie persönliche Informationen über Menschen zu wenig beachten und zu schnell vergessen. In dieses Schema können Sie ein paar Stichworte eintragen, um eine neue und konstruktive Sicht von anderen Menschen zu bekommen. **Vorsicht!** Entwickeln Sie keine Stasi-Mentalität! Lassen Sie konsequent jede Information heraus, die kompromittierend oder peinlich sein kann. Tragen Sie nur Dinge ein, die Sie dem betreffenden Menschen vor anderen Menschen in einer fröhlichen Stimmung zu dessen Nutzen und Erbauung sagen würden. Wenn Sie konfliktträchtige Informationen aufschreiben, polen Sie sich selbst auf Feindseligkeit – und dann sollten Sie gleich all Ihre Karrierehoffnungen begraben, denn es lieben zwar alle Menschen den Verrat, aber keiner liebt den Verräter.

Name	Alter	Lebenssituation (verheiratet, geschieden, Kinder)	Unser gemeinsames Thema	Stichworte zur Person	Datum

Stufe 11 der Karriereleiter:

Nutzen Sie den „Flow"

Vollziehen Sie bitte einmal die folgende Überlegung mit:

- Jeder Tag hat 24 Stunden. Gemessen mit der Uhr ist jede Stunde so lang wie jede andere, jede Sekunde so lang wie jede andere Sekunde.
- Subjektiv aber erleben wir unsere 24 Stunden völlig anders. Es gibt Zeitstrecken, bei denen auf der Uhr manchmal Stunden vergehen können – und wir merken nicht einmal, daß Zeit vergeht. Solche Situationen erleben wir, wenn wir von irgendeinem Tun völlig absorbiert sind.
- Dann wiederum gibt es Minuten, ja Sekunden, die uns wie die sprichwörtliche Ewigkeit vorkommen. Das sind z. B. Situationen des erzwungenen Wartens, besonders des Wartens in einer Schlange hinter anderen Wartenden.
- Die meiste Zeit des Tages verbringen wir natürlich in einem Zwischenzustand: nicht völlig absorbiert, nicht völlig in der eigenen Mitte und selbstvergessen – aber auch nicht völlig „neben uns stehend" (wie in der Schlange) und uns und die Welt hassend. Der Zustand

  – völliger Absorption,
  – des perfekten „Rapports" mit einer Tätigkeit,
  – des Traumverloren-Seins,
  – der Selbstvergessenheit

  wird nach einer Wortprägung des amerikanischen Psychologen Professor Csikszentmihalyi als „Flow" bezeichnet. Und die Häufigkeit dieses Zustandes darf nicht unterschätzt werden, denn je mehr „Flow"-Perioden wir in unserem Arbeitsleben haben,

- desto zufriedener sind wir,
- desto mehr leisten wir,
- desto glücklicher werden wir durch unsere Arbeit und durch unsere Arbeitsergebnisse, desto weniger müssen wir uns zur Arbeit zwingen,
- desto weniger Motivation brauchen wir (und das gilt auch für alle Menschen, die Sie jetzt oder irgendwann einmal führen).

Csikszentmihalyi hat seit den sechziger Jahren „Flow"-Zustände untersucht – zuerst bei Künstlern, bei Menschen also, die in besonderer Weise von ihrem eigenen Tun fasziniert sind. Es war dabei gar nicht einmal so sehr das Ergebnis, auf das es diesen Menschen ankam, das Bild, die Statue, der Film, der von ihrer „performance" gedreht werden kann. Es ist das Tun selbst, im so oft zitierten „Hier und Jetzt".
Man sollte demnach auf Dauer keine Arbeit verrichten, die einem keinen Spaß macht.
Eine amerikanische Fluggesellschaft hatte einmal den Werbespruch: „Getting there is half the fun." Im Deutschen kennen wir eine etwas schwerblütige Übersetzung dieses Spruches: „Nicht das Ziel ist das Ziel, sondern der Weg." Uns Deutschen fällt es halt schwer, uns einzugestehen, daß wir „fun" haben möchten, aber genau darum geht es, daß „getting there *all* the fun" ist.
Wenn Sie das von Ihrer Arbeit sagen können, dann arbeiten Sie wie in einem Flow-Zustand. Dann geht es Ihnen wie jenen 175 Menschen, die Csikszentmihalyi befragt hat: 30 Bergsteiger, 30 Basketballspieler, 30 Tänzer, 55 Schachspieler, 30 Komponisten. Warum taten sie das, was sie

taten, fragte Csikszentmihalyi sie. Wollten sie Prestige? Ruhm? Siegen?

Keine dieser Antworten war falsch, aber keine war richtig. Es ging den Befragten hauptsächlich um einen veränderten Seinszustand, den sie genossen.

Apropos genießen: Der große Menschenkenner und Philosoph Arthur Schopenhauer hat auf einen feinen Unterschied zwischen der deutschen und der englischen Sprache hingewiesen, der hier interessant ist. Auf deutsch sagt man z. B.: „Ich habe die Tage in London genossen." Ein Engländer würde dieselbe Erfahrung so ausdrücken: „I enjoyed myself in London." Der feine Unterschied liegt in dem Wort „myself". Ich habe nicht nur die Stadt genossen, sondern ich habe mich selbst in der Stadt genossen. Und so soll es mit Ihrer Arbeit sein. Die folgende Kopiervorlage will Ihnen eine Hilfe geben, wie Sie die Seinszustände, denen Csikszentmihalyi den Begriff „Flow" gegeben hat, finden.

In der gleich folgenden Tabelle werden Sie aufgefordert, eine Art Arbeitstagebuch zu führen. Alle Tätigkeiten, die auf der drittletzten Spalte genannt werden, erledigen Sie im „Flow"-Zustand. Die beiden letzten Spalten zeigen Ihnen, ob Sie „Flow" nur erleben, wenn Sie klar zugeschnittene Aufgaben bekommen, die sich über kurze Zeit erstrecken und über die dann ein Feedback gegeben wird, oder ob es Ihnen sogar möglich ist, sich – wie es Kreative im echten Sinne tun – über größere Zeiträume in eine Arbeit zu versenken, deren Struktur Ihnen nicht klar ist und von der Sie nicht wissen, ob sie Sie zum Ziel bringt.

Wenn Sie keine oder so gut wie keine „Flow"-Elemente während Ihres Arbeitstages haben, entgeht Ihnen eine wichtige Selbsterfahrung. Tragen Sie in diesem Fall alle Tätigkeiten, die Sie im Laufe eines Tages ausführen, in die Tabelle ein – also auch frühstücken, Zeitung lesen, Tagesschau sehen, spazierengehen etc. Schauen Sie, ob es hier Tätigkeiten gibt, von denen Sie vollständig absorbiert werden.

Bei einer so komplexen Maßgabe, wie es „Flow“-Zustände sind, kann man nicht einfach Richtwerte ausgeben. In manchen Berufen ist überhaupt kein „Flow“ eingebaut, in anderen sind „Flow“-Zustände geradezu die Voraussetzung, um überhaupt eine passable Leistung zu erbringen (das ist z. B. bei Künstlern der Fall). Sicher aber ist eins: Versuchen Sie mit allem, was Ihnen zu Gebote steht, die Zeitperioden des „Flow“ zu vergrößern. Das gilt für die Arbeit wie für die Freizeit. Der auf Dauer gesundheitgefährdendste, größte Streß im Leben entsteht nämlich dadurch, daß wir wie eine Flipperkugel zwischen verschiedensten Anforderungen und Aufgaben hin- und hergestoßen werden und überhaupt nicht zu uns kommen.

Verlängern Sie die „Flow"-Zustände in der Arbeit

Ziel: Suchen Sie systematisch, zu welchen Gelegenheiten Sie von Ihrer Arbeit völlig absorbiert sind. Bauen Sie diese Situationen aus – möglichst auf Kosten anderer Dinge, die Sie an andere Menschen abtreten oder delegieren (denn zum Glück erlebt nicht jeder seine „Flow"-Zustände aufgrund derselben Tätigkeit).

	Was habe ich getan	Der Aufgabe fühlte ich mich gewachsen. Ja/Nein	Auf die Aufgabe habe ich mich konzentrieren können. Ja/Nein	Ich habe die Arbeit mit müheloser Hingabe erledigt. Ja/Nein	Sorgen aus dem Alltagsleben waren wie ausgeblendet. Ja/Nein	Ich hatte das Gefühl, daß nicht die Aufgabe mich kontrollierte, sondern ich die Aufgabe. Ja/Nein	(Bei gefährlichen Tätigkeiten) Ich habe keine Angst und keine Sorgen um mich selbst gespürt. Ja/Nein	Ich habe das Gefühl für die Zeit verloren. Ja/Nein	Die Aufgabe war klar umrissen. Ja/Nein	Die Aufgabe zog sich über mehr als eine halbe Stunde hin. Ja/Nein

1										
2										
3										
4										
5										
6										
7										
8										
9										

Stufe 12 der Karriereleiter:

Helfen Sie sich, indem Sie anderen helfen

Wer jung ist und jetzt an die Planung einer Karriere denkt, muß mit einem persönlichen Handikap rechnen, das er möglicherweise für eine persönliche Stärke hält. Wir leben im „Ego-Zeitalter". Sich selbst durchsetzen, sich selbst verwirklichen, sich selbst zelebrieren – das sind die Schlagworte der letzten zehn, fünfzehn Jahre. Den eigenen Gewinn maximieren – egal, ob auf legale oder nicht so legale Weise –, das war und ist das Hauptmotiv der sogenannten Ich-Generation.

Dieses Denken kommt aus den Vereinigten Staaten. Hier ist nicht der Ort, dies im einzelnen nachzuvollziehen; für den Eingeweihten aber sei das Stichwort „Bottom line" genannt – jene Zeile („line") in Gewinn- und Verlustrechnungen, die ganz am Fuße („bottom") eines Papiers steht und die die Summe, das Ergebnis aller auf dem Papier bisher quantifizierten Bemühungen angibt.

Alle Vierteljahre werden die amerikanischen Topmanager zum „Offenbarungs-Eid" gebeten und müssen den Besitzern und Aktionären über die Profitabilität der von ihnen geführten Geschäfte berichten.

Doch wenn man nur an Geld denkt bzw. nach sehr kurzen Zeitspannen immer wieder über die Rentabilität Rechenschaft ablegen muß, wird man daran gehindert, langfristige Investitionen zu tätigen. Alles, was nicht schnell Geld bringt, ist den Mächtigen der amerikanischen Wirtschaft abhold. Die Rüstungsindustrie ist dabei eine „sozialistische" (also staatsinvestorische) Komponente. Sie fällt jetzt weg, und es bestehen zu Recht Sorgen, daß die amerikanische Wirtschaft einen ähnlichen Verlauf nimmt wie die in der ehemaligen Sowjetunion, wenn sich auch die Entwicklung nicht so dramatisch abspielen wird. Es läuft darauf hinaus, den Gegensatz zwischen Arm und Reich immer mehr zu verschärfen, was ein erhebliches soziales Spannungspotential in sich trägt.

Dieses schwarze Bild der amerikanischen Wirtschaft hat z. B. der die Entwicklung kritisch verfolgende amerikanische Wirtschafts-Professor Warren Bennis gezeichnet. Es kontrastiert deutlich mit den Erkenntnissen, die es in den USA über Wirtschaft, Management und Führung gibt und die nach wie vor Gültigkeit haben. Die Verursacher sitzen wohl letztendlich in den berühmten Bussiness Schools, in denen vor allem das Controlling und das damit einhergehende Abkassieren gepredigt wird. Doch wenn man ständig nur aufs Geld sieht, ruiniert man das Unternehmen und damit auch die Karriere.

Jene Yuppies, die in einem Alter unter dreißig bereits Multimillionäre sind, sind zu einer Art Leitbild für die junge Generation rund um die Welt geworden – zu Unrecht. Und weil sie zunächst und vor allem durch das US-Wirtschaftssystem hochgekommen sind, wurde das negative amerikanische Wirtschaftsbeispiel erwähnt.

Wer sich in jungen Jahren mit seinen erworbenen Millionen zurückzieht, fällt auch in der Sozialstatistik oder in der Krankenstatistik nicht mehr sonderlich auf. Es ist aber auch so, daß viele Yuppies – auch und gerade die nicht so finanziell erfolgreichen – mit dreißig „ausgebrannt" sind: körperlich und seelisch k.o. durch den Raubbau, den sie in wenigen Jahren an sich selbst begangen haben.

Aus Gründen der Erhaltung der eigenen wie auch der nationalen Wirtschaftskraft ist also ein Überwinden des yuppiehaften Egoismus dringend geboten. Andere Leitbilder sind nötig, und in wenigen Jahren, spätestens zur Jahrtausendwende, wird man sich nur noch mit Schaudern an jene Generation der „Whiz-kids“ erinnern, die sich selbst bereichert hat, die aber das Symbol – wenn nicht sogar Verursacher – für wirtschaftlichen Niedergang geworden ist.

Spätestens dann auch werden wieder Werte im Mittelpunkt stehen, die im Moment keine Hochkonjunktur haben: Hilfsbereitschaft, Solidarität, Kooperation, Gemeinsinn ... Eine detaillierte Besprechung des wichtigen Themas finden sie in einem speziellen Band dieser Buchreihe, der sich mit „Frau und Karriere“ befaßt; dort gehören diese Gedanken primär hin, denn es handelt sich in der Tat um die Wiederentdeckung traditionell weiblicher Werte für die Gesellschaft, für das Familienleben und noch stärker für das Wirtschaftsleben. Allerdings muß die Tatsache, daß diese Werte „weiblich“ genannt werden, nicht unbedingt heißen, daß Frauen sie zu hundert und Männer sie zu null Prozent in die Wirklichkeit umsetzen.

Ein weiterer Grund für eine „altruistische“ Wende in der Wirtschaft (das Wort „Altruismus“ ist am besten mit „Nächstenliebe“ zu übersetzen) liegt in einer in vielen wissenschaftlichen Experimenten bestätigen Tatsache: Wer anderen hilft, hilft sich selbst. Helfen ist neben dem Erreichen von „Flow“-Zuständen der zweite Weg, wirkliche Zufriedenheit im Leben und im Arbeitsleben zu finden.

Mancher wird jetzt daran erinnert werden, daß das Wort „Minister“ ja auch nichts anderes als „Diener“ heißt. Diese Art von Dienen ist aber nicht gemeint. Gemeint ist vielmehr ein Verhalten, das aus christlichen Konzepten der Nächstenliebe für den normalen Umgang zwischen Menschen ableitbar ist.

Nun gibt es Menschen, die von Natur aus altruistisch sind, die eigentlich immer und gerne und überall helfen. Eine solche Überbewertung des Helfen-Wollens sollte allerdings auch nicht das Ziel sein. Es ist für jeden Menschen wichtig, seine Grenzen zu erkennen, also auch mal „Nein“ zu sagen, wenn die Belastung zu groß wird oder man weiß, daß man sich bei dieser Aufgabe das letztemal nur gequält hat. Hingegen kennt man vielleicht jemanden, der gerade diese Tätigkeit mit großer innerer Befriedigung ausführt – und womöglich bessere Ergebnisse erzielt. Die folgende Tabelle kann den „überaltruistischen“ Menschen als Warnung dienen und den anderen zur Orientierung.

Helfen Sie, wo es Ihnen leichtfällt

Ziel: Es gibt Aufgaben, die Sie selbst im „Flow-"Zustand erledigen. Dieses sind die Aufgaben, bei denen Sie Ihre Hilfe anderen Menschen anbieten sollten – nicht jene Aufgaben, bei denen Sie sich selbst quälen. Die Tabelle gibt Ihnen die Möglichkeit herauszufinden, auf welchen Gebieten Sie so helfen können, daß es Ihnen selbst Spaß macht und Ihre Arbeits- wie die Lebensfreude steigert.

	Art der Tätigkeit, bei der Sie „Flow"-Zustände erleben	Name	Name	Name	Name	Name	Name	Name	Name	Name
1										
2										
3										
4										

5										
6										
7										
8										
9										
10										
11										
12										
13										
14										

Stufe 13 der Karriereleiter:

Werden Sie Teil der Gruppe

Das Schlimmste, was einem Menschen auf dem Weg nach oben passieren kann, ist Isolation. Verfänglich ist dabei, daß sich manche hochbegabten oder hochmotivierten Menschen in einer Außenseiterrolle ganz wohl fühlen.
Übersehen Sie aber nicht die Gefahren eines übersteigerten Individualismus. Sie rühren aus einem Bildungs- und Ausbildungssystem, das bei uns – anders als im wirtschaftlich erfolgreicheren Japan – die Einzelleistung höher bewertet als die Gruppenleistung.
Das fängt bereits in der Schule mit den leidigen Zensuren an. Während ein deutscher Gymnasiast, der seine Versetzung schafft, es als Herausstreichung seiner eigenen Leistung empfinden kann, wenn zahlreiche Klassenkameraden sitzenbleiben, empfindet sein japanischer Altersgenosse diese Nicht-Versetzungen als persönliche Schande. Dort wird bereits in der Schule die Gruppen angehalten, das Versagen des einzelnen als persönliches Versagen jedes einzelnen Gruppenmitglieds anzusehen.
Der Wert dieser Denkweise zeigt sich spätestens im Arbeitsleben, da dort jeder Erfolg vom Funktionieren von Gruppen abhängig ist. Menschen, die es in der japanischen Wirtschaft weit bringen, bleiben dennoch Teil der Gruppe, weil sie mit der Muttermilch ein Gruppendenken eingesogen haben.
Bei uns dagegen wird die Einzelleistung prämiert, der „Tenisellenbogen", den man sich auf dem Weg nach oben beim Gebrauch der „Ellenbogen" holt. Kommt ein junger Karrie-

rist über Gymnasium, Hochschule, Assistentenzeit beim Vorstandsvorsitzenden dann in eine Führungsposition, hat er eine Lernerfahrung von manchmal drei Jahrzehnten hinter sich, in der er immer nur gelernt hat, sich über andere Menschen hinwegzusetzen und selbst als Komet des Aufstiegs, als Leitstern, dazustehen, während die anderen höchstens der „Schweif" sind.

Und mit dieser Erfahrung und dieser Haltung anderen Menschen gegenüber soll er nun eine hochmotivierte Arbeitsgruppe bilden! Die Absurdität einer solchen Vorstellung hat viele Unternehmen zu der Einsicht geführt, das Gruppendenken zu stärken. Denn nur derjenige, der gruppenfähig ist, kann auch Gruppen führen.

Viele junge dynamische Nachwuchsführungskräfte machen schnell Karriere. Aber von der ersten Arbeitsgruppe, die sie zu führen haben, werden sie zu Fall gebracht. Ihnen geht es wie jenen menschenverachtenden Offizieren, die im Kampf von den eigenen Leuten erschossen werden. Auch wenn das Beispiel überzogen klingt, beide Situationen haben eines gemeinsam: Manche Offiziere und manche Manager trauen sich nicht zu führen. Dies ist ganz wörtlich gemeint: Sie trauen sich nicht, voranzugehen und in vorderster Linie zu stehen, weil sie sich dauernd versichern müssen, ob ihnen überhaupt jemand folgt und, wenn das der Fall ist, ob dies auch in guter Absicht geschieht.

Sich in die Gruppe einzuordnen soll allerdings nicht aus Taktik entspringen, sondern aus Lebensfreude sowie aus der Einsicht: Wer seine Gruppenfähigkeit nicht praktiziert, verkümmert auf diesem Gebiet.

Und mit solchen Menschen geht die Gruppe nicht behutsam um. Es ist nun einmal so, daß gerade exponierte Menschen, die keinen Rückhalt in der Gruppe haben und suchen, ein besonderer Gegenstand für Gespräche sind.

Dies beginnt bereits als Gleicher unter Gleichen. Die Kollegen wissen nämlich sehr gut, wer Ambitionen hat und wer nicht. Genauso wußten Sie ja bereits in der Schule, wer ein Streber ist, wer schummelt und wer echte ehrliche Leistung erbringt (meist besser als die Lehrer). Trifft eine Gruppe nun auf einen Karrieristen, ist ein zweiter Gedanke schnell bei der Hand: Der will einmal unser Vorgesetzter werden. Kommt noch die Einsicht hinzu, daß der oder die Betreffende es durchaus werden kann, fangen diejenigen, die sich nicht unter Karrierestreß stellen, an, den Strebern das Leben schwerzumachen.

Wer es in seinem Karrierestreben „schafft", eine geschlossene Arbeitsgruppe gegen sich einzunehmen, der begibt sich auf einen schweren Weg. Er sollte Einsicht üben und die Firma wechseln, oder er sollte sich auf ein Leben mit Kampf gefaßt machen. Da manche Menschen sehr wenig Innenleben und wenige persönliche Werte haben, existieren sie eigentlich nur dadurch, daß sie erst im Kampf merken, wer sie selbst sind. Es gibt viele, zu viele derartige Menschen. Die anderen sind den Mitmenschen lieber. Und auch sie selbst sind glücklicher und haben als Führungskräfte mehr Erfolg, weil ihnen die Gruppe nicht in den Rücken fällt, wenn sie vorangehen, sondern ihnen folgt. Erfolg basiert schließlich auch auf Solidarität.

Stufe 14 der Karriereleiter:

Geben Sie Schmeicheleinheiten

Hier folgt ein kurzer Hinweis auf eine Vorgehensweise, die ausführlicher im Band *So verbessern Sie Ihr Image* dieser Buchreihe behandelt wird. Sie kennen den Ausdruck, den der Psychologe Eric Berne geprägt hat: Streicheleinheiten. Und wenn Sie statt „Streichel" lieber „Schmeichel" sagen, wird zumindest die Minimalvoraussetzung dessen benannt, was für die eigene Karriere wichtig ist.

Lernen Sie, Menschen zu schmeicheln. Wenn das erste Wort des Tages verbindlich, das zweite fröhlich und das dritte versöhnlich ist, haben Sie einfach die menschlichen Abläufe um sich herum gut „geölt" – und das ist allemal besser, als Sand ins zwischenmenschliche Getriebe zu werfen. Passen Sie auf, daß Sie dabei nicht zum Komiker werden. Charmant sein und Komplimente machen ist alles andere als einfach, und – was man nicht vergessen sollte – es muß ständig praktiziert werden, damit man nicht aus der Übung kommt.

Das Verteilen von Schmeicheleinheiten soll und kann nichts von der Härte und der Klarheit aus dem menschlichen Miteinander nehmen, die Teil des beruflichen Alltags sind. Es soll nur verhindern, daß Sie anderen Menschen bei den vielen Spontanbegegnungen, bei denen jeder in seine eigenen Gedanken vertieft ist und nicht auf den anderen eingeht, eigene negative Empfindungen „reindrücken". Schmeicheln heißt also: die anderen Menschen vor der eigenen Rauheit schützen, ganz nach der Forderung des chinesischen Philosophen Laotse: „Sei wie das Wasser. Es streitet mit niemandem und ist allen nützlich."

Charme zeigt sich nicht nur in Worten, sondern auch in Blicken und Aufmerksamkeiten und wird vor allem bei speziellen Ereignissen entwickelt. Betriebsfeste zählen zu solchen Ereignissen. Hier wird der ganze Mensch gefordert, und es zeugt von erstaunlicher Hilflosigkeit, wenn man sieht, wie die lautmäuligsten Karrieristen still in der Ecke hocken, nur weil getanzt wird. Es bedeutet eben ein Kompliment für andere Menschen, ihnen die Freude des Tanzes zu bereiten.
Überlegen Sie einmal für sich, auf welchen Gebieten Sie gesellschaftliche Defizite haben. Tanzen Sie gerne? Können Sie über ein Thema, das nicht mit Ihnen selbst und nicht mit dem Job zu tun hat, mehr als zehn Minuten einigermaßen interessant plaudern? Fragen dieser Art werden Sie vermutlich als unwichtig ansehen – bis Sie sich in einer bestimmten Situation an diese Fragen erinnern und dann sagen: „Verdammt noch mal, hätte ich ...“

Stufe 15 der Karriereleiter:

Bauen Sie Netzwerke auf

Netzwerke sind Verbindungen zwischen Menschen, die (meist) an unterschiedlichen Orten denselben Interessen nachgehen. Nie sind die Interessen zweier Menschen dekkungsgleich, was Sie sich an einer einfachen Grafik, wie Sie sie aus der Mengenlehre kennen, einfach einmal klarmachen und ins Bild umsetzen sollten.

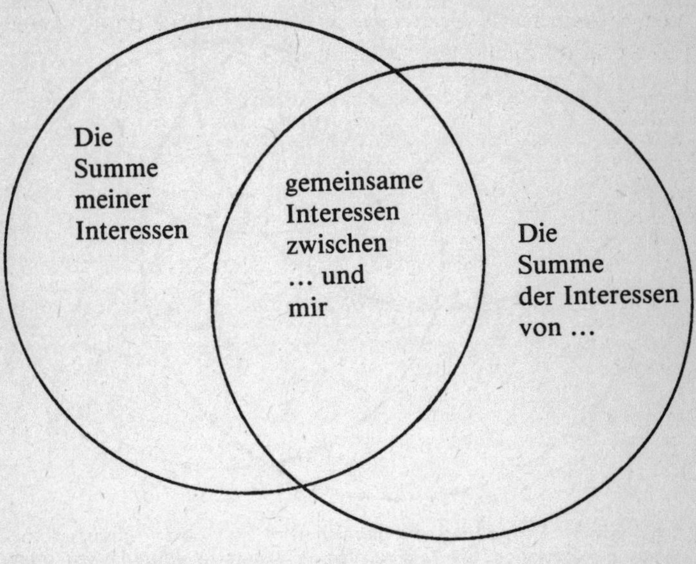

Schematische Darstellung von Bereichen gemeinsamen Interesses zwischen zwei Personen

Mit Hilfe eines solch einfachen Schemas lassen sich die komplexesten Strukturen abbilden. Nehmen Sie einmal vier Personen, sich selbst und drei Kollegen oder Freunde, beschränken Sie sich allein auf Ihre berufsbezogenen Interessen und versuchen Sie, den Ihnen allen gemeinsamen Interessenbereich zu definieren. Benutzen Sie dazu die nächste Grafik.

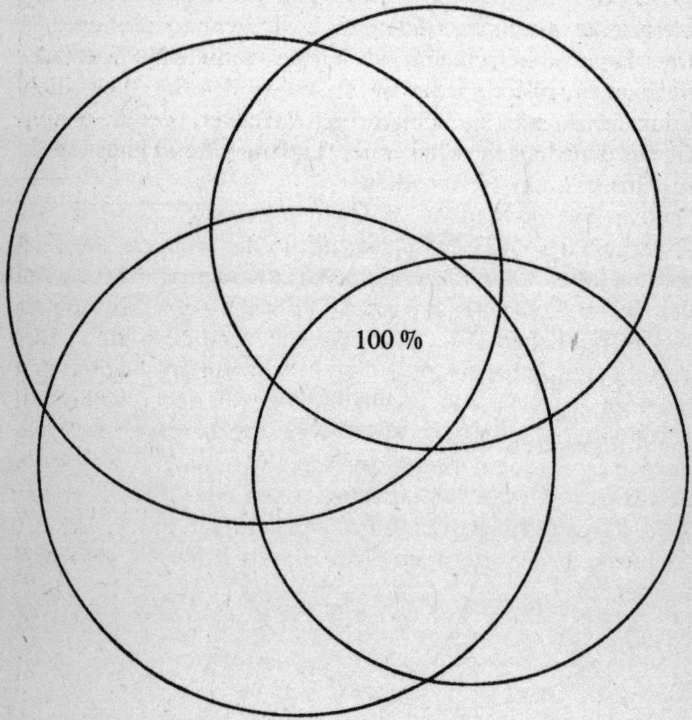

Schematische Darstellung von Bereichen gemeinsamen Interesses zwischen vier Personen. Die Komplexität der Überschneidungen von Interessen steigt sehr stark an. Beziehungen, die innerhalb des Innenraums hundertprozentig identischer Interessen „gelagert" sind, bezeichnet man als Netzwerk.

Solch einfache Zeichnungen können Menschen, die so etwas zum ersten Mal machen, einen großen Respekt vor der Komplexität zwischenmenschlicher Beziehungen einflößen. Sie verdeutlichen zudem, wie man sich im „Gestrüpp" von Gruppenbeziehungen „verfangen" kann.

Die Grafiken sollen aber nicht als warnendes, sondern als positives Beispiel angesehen werden. Es bleibt nämlich immer ein gemeinsamer Interessenskern zwischen zwei und meist auch zwischen mehr als zwei Menschen.

Dies kann hilfreich sein – z. B., wenn Sie sich, wie jeder Mensch es immer wieder erlebt, völlig von der Welt allein gelassen fühlen. Ein Blick auf Ihr Netzwerk der Beziehungen zu anderen Menschen wird Sie dann sehr schnell wieder „aufbauen".

Denken Sie auch daran, daß ein Netzwerk innerhalb wie außerhalb des Unternehmens, für das Sie arbeiten, angelegt werden kann. Gute Beziehungen nach außen sind besonders bei einem Arbeitsplatzwechsel hilfreich. Berufsbezogene Netzwerke haben ihren Sinn natürlich immer in einer Förderung der Arbeitserfolge. Netzwerke unterscheiden sich insofern deutlich von „Seilschaften", in denen man sich gegenseitig „nach oben" zieht. Wer in einem Netzwerk geborgen ist, braucht allerdings keine Seilschaften mehr, um beruflich gefördert zu werden – eine Erfahrung, die zur Zeit manche Frauen machen. Sie bekommen immer bessere Chancen im Arbeitsleben, weil sie von Frauen gefördert werden.

Stufe 16 der Karriereleiter:

Finden Sie einen Mentor

Es gibt brillante und interessante Geschichten von Menschen, die es allein geschafft haben. Meist handelt es sich dabei um Menschen, die infolge persönlicher Not, Schicksalsfügungen und äußere Zwänge (z. B. weil sie als Emigranten in eine neue Welt gegangen sind) den Weg nach oben geschafft haben.
Geschichten dieser „Self-made"-Menschen erinnern eigentlich immer an Kriegsberichte. Hier wie dort kann die Geschichte von Kampf und Sieg leider nur von den Menschen erzählt werden, die nicht auf der Strecke geblieben sind.
Deshalb enthalten solche Geschichten – so faszinierend sie sein mögen – nur wenig Wahrheit und kaum Aussagen über das wirkliche Leben, sie verschweigen hingegen vieles. Im Grunde genommen sind sie die reinsten Münchhausen-Geschichten. Die Wahrheit liegt viel eher in jenen nicht erzählten und von niemandem für berichtenswert gehaltenen Schilderungen all jener Menschen, die auf Schlachtfeldern gestorben und im wirtschaftlichen Kampf ums Dasein gescheitert sind.
Denn man muß sich immer vor Augen halten: Allein schafft es so gut wie keiner. Die wenigen Menschen, die es allein schaffen, sind oft genug Rambo-Typen – so wie jene Großpleitiers, die wie z. B. Maxwell angeblich zu den erfolgreichsten Verlegern dieser Erde gehören, die aber Milliardenvermögen, wie Milliardenschulden angehäuft haben.
Bei Maxwell scheint bereits klar zu sein, daß seine Lebensbilanzen nicht einmal plus/minus Null abgeschlossen wer-

den können, sondern daß er sehr hohe Schulden hinterläßt, an denen noch viele Menschen zu zahlen haben werden (während seine Familie sich vermutlich aus den ehemals vorhandenen Geldmitteln reichlich bedient haben wird).
Solche Wirtschaftsgeschichten sind wichtig. Es ist nämlich für die eigene Karriereplanung von großer Bedeutung, sich nicht die falschen Vorbilder zu wählen. Und Rambos und Freibeuter üben eine besondere Faszination aus. Doch der einfache, der gerade Weg besteht darin, daß es jemanden gibt, der in einer Ihnen vorgesetzten Position ist und der Ihr Talent erkennt. Suchen Sie die Nähe, das Interesse und die Förderung solcher Menschen.

Stufe 17 der Karriereleiter:

Werden Sie Experte

Gehen Sie einmal im Geiste – aber besser noch auf Papier – das Anforderungsprofil Ihrer jetzigen Tätigkeit durch. Und wenn Sie noch nicht arbeiten, sondern noch in der Ausbildung sind, machen Sie dasselbe mit dem an Schule oder Universität bestehenden Anforderungsprofil.
Stellen Sie sich folgende Fragen:

- Welchen Arten von Qualifikationen bin ich im Laufe der letzten zwei Jahre überhaupt begegnet?
- Teilen Sie diese in fachliche und in menschliche Qualifikationen auf.
- Gehen Sie intensiv ins Detail. Schreiben Sie also nicht „Buchhaltung“, sondern splitten Sie jedes große Gebiet in mindestens zehn einzelne Gebiete auf. Schreiben Sie also nicht „Mathematik“, sondern:

  - Prozentrechnen
  - Zinseszinsrechnen
  - Integralrechnung
  - Wahrscheinlichkeitsrechnung
  - Kopfrechnen usw.

- Entstehen sollte hier eine Liste mit mehreren hundert Unterpunkten. Es ist von daher gut, wenn Sie eine solche Liste nicht unbedingt alleine aufstellen. Sehr viel mehr Spaß macht es mit Kollegen (und dies ist dann auch zugleich eine sehr gute Übung in Zusammenarbeit, weil die

Fragen auftauchen werden, wie qualifiziert der einzelne ist und wo der andere ihm helfen kann).

- Schreiben Sie Namen hinter jede einzelne Ausbildungs- oder Berufsqualifikation: mindestens zwei. Schreiben Sie den Namen desjenigen hin, der in Ihrem Wirkungskreis der Bestqualifizierte ist. Und schreiben Sie in die Spalte dahinter Ihren eigenen Namen mit dem Rangplatz, den Sie nach eigener Einschätzung (besser nach Einschätzung eines Kollegen) hier einnehmen.
- Schauen Sie sich dann ganz genau an, ob überhaupt und, wenn ja, wie oft Ihr Name in der ersten Spalte auftaucht. Wo sind Sie der Experte? Falls Ihr Name überhaupt nicht auftaucht, suchen Sie sich ein Gebiet, das vielleicht von den Überfliegern vernachlässigt wird.
- Gut wäre es, wenn Ihr Name als Experte nicht unbedingt nur im Zusammenhang mit Fertigkeiten wie „Kaffee holen“ oder „hält am längsten bei Firmenfeiern aus“ steht, aber selbst dieses ist besser als gar nichts. Es macht den Menschen nämlich einzigartig – und sei es nur an einer abgelegenen Stelle. Aber es ist immer noch besser, ein Mensch wird an solch einer Stelle überhaupt greifbar, als daß er überhaupt keinen Anknüpfungspunkt bietet. Fragen Sie sich in diesem Zusammenhang einmal, wie andere Menschen Sie vorstellen könnten. Kann man von Ihnen zumindest so etwas sagen wie:

  – hat eine interessante Briefmarkensammlung
  – sammelt seit einigen Jahren nur Briefmarken mit Schmetterlingen
  – ist der Mensch, der noch aus jedem Papier, das wir in unserer Abteilung gemacht haben, die Zeichensetzungsfehler herausredigiert hat

- Wenn Sie zwischen mehreren Expertenfeldern auswählen können, achten Sie darauf, wie wichtig das Feld Ihrer Expertise für Ihre Ambitionen ist. Wer gut Milch holen kann, wird selbst in einem Molkereibetrieb demjenigen hintangestellt, der in Buchführung gut ist.
- Prüfen Sie dann, ob die Expertennische, die Sie für sich finden, wirklich mit einer Tätigkeit übereinstimmt, die Sie gerne ausführen (vergleichen Sie dazu das Kapitel über „Flow“). Und wenn Sie dann die richtige Nische für sich gefunden haben und dort wirklich gut beheimatet sind, sollten Sie für diesen Bereich alles, aber auch wirklich alles an Kenntnissen, Wissen und Erfahrungen erwerben, was Sie zu einem wirklichen Experten macht. So werden Sie bemerkbar, greifbar und ansprechbar. Das Schlimmste, was Ihnen auf der Suche nach Erfolg passieren kann, ist, daß Sie als graue Maus oder grauer Mäuserich irgendwo in der Ecke „auch noch da“ sind. Unter „ferner liefen“ macht man keine Karriere.

Stufe 18 der Karriereleiter:

Respektieren Sie Ihre Feinde

Für die meisten Menschen ist es zunächst einmal undenkbar, daß sie im Leben Feinde haben könnten. Sie haben sich ja nichts zuschulden kommen lassen. Warum sollte es also Menschen geben, die ihnen feindselig gesinnt sind?
Nun kommt es aber durchaus vor, daß man Menschen verletzt, ohne es zu wollen. Vielleicht kommt der andere einfach mit Ihrem Verhaltensmodus nicht zurecht. So absonderlich ist das gar nicht, denn auch uns selbst mißfällt an manchen Menschen einiges. Wir richten unser Verhalten dann entsprechend ein, gehen etwas auf Distanz, und schon „schnappt die Falle zu": Der andere Mensch, der vielleicht Kontakt sucht oder der sich zumindest nicht erklären kann, warum ihm nicht so offen begegnet wird, wie er auf uns zugeht, rückt ebenfalls von uns ab.
Dies alles läuft nach einem der Grundgesetze der Sozialpsychologie ab, der nach dem Harvard-Professor G. C. Homans (er war einer der „Väter" der modernen Sozialpsychologie) benannten ersten Homansschen Regel. Sie lautet in dürren Worten: Kontakt schafft Sympathie. Und die Umkehrung gilt auch: Das Gegenteil von Kontakt schafft das Gegenteil von Sympathie. Distanz schafft Feindschaft. Die Mächtigen aller Zeiten und Welten haben sich diese einfache Regel intuitiv zunutze gemacht. Ein aktuelles deutsches Beispiel für diese sozialpsychologische Regel lieferten die Berliner Mauer und die DDR-Grenze. Es hat keinen Kontakt gegeben, jedenfalls längst nicht ausreichenden Kontakt. Deshalb fehlte es an Sympathie zwischen den Deutschen in Ost und West.

Und so wie es zwischen Mecklenburgern und Sachsen oder zwischen Bayern und Niedersachsen vielleicht Frotzelei gibt, aber keine Feindseligkeit, so herrscht eben leider zwischen Menschen, die in Ost-West-Richtung nur ein paar Kilometer voneinander entfernt gelebt haben, sehr wohl Feindseligkeit. Die Menschen haben eben nicht nur voneinander entfernt gelebt, sondern sie haben *sich* auch auseinandergelebt.

Auch im Berufsleben wird viel Feindschaft abgebaut, wenn Kontakt hergestellt wird. Dies ist eine der ganz großen Schwächen von Männern und eine der Stärke von Frauen. Und im Kommunikationszeitalter wird dies „weibliche Talent" der Kontaktfähigkeit immer stärker gesucht. (Mehr dazu im Band *So macht frau Karriere.)*

Die wichtigste Regel, um Feindseligkeit abzubauen, besagt deshalb, ein einladendes Wesen zu entwickeln. Menschen müssen nicht nur keine Angst haben, sondern geradezu eine Aufforderung spüren, mit Ihnen in Kontakt zu treten.

Und seien Sie umsichtig mit den Menschen, die Kontakt zu Ihnen suchen. Möglicherweise sind viele dabei, die abklären wollen, ob Nähe oder Distanz zwischen Ihnen beiden besteht. Auch wenn Sympathie nicht entsteht, muß dies noch kein Schaden sein – vorausgesetzt man kennt seine Feinde. Klarheit im eigenen Verhalten ist von daher von allergrößter Wichtigkeit, damit zumindest andere Menschen klar (nicht unhöflich) zu Ihnen sein können. Es gibt lebenslange Gegner (in der Wirtschaft, bekannter aber sind Beispiele aus der Politik), die in ihrer Gegnerschaft hervorragend miteinander umgegangen sind. Und beide haben davon profitiert. Die Politiker Egon Bahr und Rainer Barzel sind Beispiele dafür.

Wichtiger als Sympathie ist also Klarheit. Glauben Sie nicht, daß Sie ohne Gegnerschaft ans Ziel kommen. Die hochbezahlten Spitzenpositionen werden nur selten vergeben. Und es gibt immer mehr Bewerber als Jobs. Machen

Sie sich einfach einmal eine Liste Ihrer Gegner. Entscheiden Sie, wo die Feindseligkeit nur an mangelndem Kontakt liegt (oder liegen könnte), und entscheiden Sie genauso, um welche Menschen Sie sich nicht wirklich freundschaftlich bemühen wollen. „Liebe deine Feinde“, hat der amerikanische Politiker und Philosoph Benjamin Franklin einmal gesagt, „sie zeigen dir deine Fehler.“

Stufe 19 der Karriereleiter:

Machen Sie keine halben Sachen

Eins der größten Karrierehemmnisse ist, stark anzufangen und schnell nachzulassen. Es ist nie ein guter Rat gewesen, bei den eigenen beruflichen Aktivitäten wie eine Biene von Blüte zu Blüte zu schwärmen. Gehen Sie es anders an: Machen Sie wenig, aber machen Sie dies vollständig. Und tun Sie zusätzlich noch etwas, das Sie vielleicht aus der Fernsehwerbung kennen. Geben Sie den „extra Löffel Sahne" dazu. Gemeint ist damit der Extra-Anruf nach Feierabend, zu dem Sie eigentlich keine wirkliche Lust mehr haben und von dem Sie wissen, „daß sowieso nichts dabei herauskommt". Und jeder Mensch in Ausbildung oder Beruf findet hier seine eigenen Beispiele.

Liste der angefangenen Aktivitäten

Ziel: Führen Sie ein Tagebuch der angefangenen Dinge. Gehen Sie die aufgelisteten Positionen immer wieder durch, und entscheiden Sie, welche Sie zu Ende führen und welche Sie fallenlassen.

	Daran habe ich gearbeitet	Zu diesem Datum habe ich angefangen	Ich habe dies Projekt ...mal wieder aufgenommen (bitte Zahl eintragen)	Es ist zu ... Prozent fertig	Ich brauche noch ... Arbeitstage, um es fertigzustellen	Der „extra Löffel Sahne" würde ... Tage erfordern (bitte Zahl eintragen)
1						
2						

3						
4						
5						
6						
7						
8						
9						
10						
11						

Stufe 20 der Karriereleiter:

Trauen Sie der Intuition

Karriereschritt 19 bestand in der Aufforderung zu „preußischer Disziplin". Keine halben Sachen machen, nicht allzuviel liegen lassen, fix oder nix, ja oder nein – das war die Devise.

Diese Einstellung ist wichtig, um überhaupt Ordnung im Leben zu haben. Genauso wichtig aber ist es, nicht zuviel Ordnung zu haben. Die Welt ist nämlich zumeist sehr viel ungeordneter, als die Formblätter, Tabellen, Terminkalender und all die anderen Dinge, in die man die ganze Vielfalt des Lebens zu pressen versucht, glauben machen.

Wenn Sie über das Niveau der Sachbearbeiter hinauskommen wollen, müssen Sie die Menschen, die darüber entscheiden, davon überzeugen, daß Sie in der Lage sind, mit Risiken, mit Unklarheiten, mit in die Zukunft gerichteten Themen fertig zu werden. Ein Sachbearbeiter – gleich auf welchem Niveau, und wenn er Professor wäre – hat sein Interesse auf die Gegenwart, zumeist aber auf die Vergangenheit gerichtet. Er geht mit abgelaufenen Ereignissen um, während eine wirkliche Führungskraft sich vor allem mit Aktivitäten befaßt, die in die Zukunft gerichtet sind. Was es darüber an Informationen gibt, nennt man nicht „harte Fakten", sondern „weiche Daten". Es handelt sich dabei um Pläne, Projekte, Ideen, Visionen, Gerüchte, Klatsch, Ahnungen, Befürchtungen, Ängste ...

Und so mißlich der Umgang mit den Bilanzen der Vergangenheit auch sein kann, man weiß zumindest, woran man ist. Wer eine Führungskraft werden will, muß dies natürlich beherrschen, muß darüber hinaus aber ebenso bereit sein, Risiken einzugehen und intelligente Urteile über Vorgänge abzugeben, ohne daß eine für eine Entscheidung ausreichende Informationslage vorliegt.

Dies ist gemeint, wenn man über Intuition spricht, wenn man fordert, „aus dem Bauch heraus“ zu entscheiden. Es geht weniger um den Bauch als um das Herz: den Mut nämlich, Entscheidungen zu treffen, bei denen man auch Fehler machen kann.

Es gibt ein kluges Wort, das sehr gut zeigt, was hier gemeint ist: „Wenn es logisch ist, ein Risiko einzugehen, wird es jeder tun.“ Damit sind die Gewinnchancen gleich Null. Wer gewinnen will, muß größere Risiken eingehen. Die größte Gefahr bei dem viel zitierten „rechts-hemisphärischen Denken“, der Verarbeitung von ganzheitlicher Information, liegt darin, das eigene Wunschdenken für Intuition zu halten. Das folgende kleine Schema kann Ihnen helfen, beides auseinanderzuhalten. Das ist manchmal so beschwerlich wie das Krabbenpulen an der Nordsee, aber es lohnt sich.

Der eigenen Intuition auf die Spur kommen

Ziel: Entscheidungen vorbereiten, bei denen nicht nur die analytische Intelligenz, sondern auch Intuition und Kreativität eine konstruktive Rolle spielen.

Eine Entscheidung ist zu treffen über						
Was wünsche ich mir als Ergebnis?						
Was wäre mehr, als ich mir überhaupt zu wünschen traue?						

Was denken andere Menschen über die zu treffende Entscheidung?						
Wie lautet meine endgültige Beurteilung der Situation?						
Wenn meine endgültige Beurteilung nicht von meinem Wunschdenken abweicht: Welche Gründe sprechen dagegen?						
Wenn meine endgültige Beurteilung nicht von meinem Wunschdenken abweicht: Welche Gründe sprechen dafür?						

Stufe 21 der Karriereleiter:

Sammeln Sie anderswo Erfahrungen

Die Welt ist flexibel geworden. Nicht alles, was über diese Welt zu lernen ist, lerne ich am heimischen Herd und am heimischen Schreibtisch.

Wenn Sie Karriere machen wollen, sollten Sie bereit sein, in die Welt hinauszugehen.

Kulturelles Wissen und Vertrautheit mit anderen Kulturen sind heutzutage, da es Weltmärkte gibt, ein absolutes Erfordernis. Auch für die Karriere trifft zu, was die Zukunftsforscher uns gelehrt haben. Man muß in großen, in weltweiten Zusammenhängen denken, um vor Ort richtig entscheiden und handeln zu können: „Think global, act local."

Wenn Sie Karriere machen wollen, seien Sie also bereit, den Arbeitsort und möglicherweise auch die Firma zu wechseln. Mobilität, solange sie nicht um die eigene Person kreist oder sich überhaupt im Kreise bewegt, ist sicher eine karrierefördernde Verhaltensweise.

Dies gilt übrigens in einem besonderen Maße für Menschen, die sich ohne sehr gute Startchancen von einer niederen Ausgangsposition hocharbeiten. Wer lange Zeit Handwerker war und in einen Weißen-Kragen-Job hineinkommt, wird sich möglicherweise deswegen schwertun, weil zu viele Kollegen einfach immer noch den „Blaumann" über oder auch unter dem weißen Kragen sehen.

Hier kann Luftveränderung richtig sein: Verbringen Sie einige Jahre irgendwo in einem anderen Teil der Welt oder auch der Stadt, um dann mit einem neuen Image an den alten Ort zurückkommen zu können. Dieser Rat gilt auch für Frauen, die von der Position der Sekretärin, Sachbearbeiterin oder Assistentin in die Gruppe der Führungskräfte aufgestiegen sind. Ein Firmen- oder Ortswechsel bewirkt am ehesten, daß die Männer in der Karriere-Frau nicht mehr „das Mädchen aus dem Vorzimmer“ sehen.

Stufe 22 der Karriereleiter:

Klären Sie, was Sie wollen

Machen Sie eine genaue und mindestens alle Jahre aktualisierte Karriereplanung.
Sie müssen wissen, wohin Sie wollen, und brauchen Informationen, ob Ihre Ziele realistisch sind. Sagen Sie sich also nicht: „Irgendwann möchte ich auf dem Stuhl des Alten sitzen." Schreiben Sie statt dessen lieber auf, in welcher Zeit Sie dort sitzen wollen und welche Schritte nötig sind, um auf den „Thron" zu kommen.
Zunächst und auch im Verlauf Ihres Berufslebens sollten Sie aber überlegen, ob Sie wirklich Karriere machen wollen. Viele Menschen streben eine Karriere an, weil ihnen gerade nichts anderes einfällt. Bei längerem Nachdenken wären sie vermutlich glücklicher und reicher (durchaus im materiellen und nicht nur im übertragenen Sinne gemeint), wenn sie auf die Karriere verzichteten. Machen Sie eine einfache Rechnung auf: Wer im Monat vierzig Stunden mehr arbeitet, weil er Abteilungsleiter geworden und bereit ist, dieses über fünf Jahre zu tun, weil er dann Hauptabteilungsleiter werden kann, muß genau wissen, was er tut.
Die Rechnung sieht nämlich so aus: Wenn man vierzig Stunden zusätzlich arbeitet, um 1 000,00 DM im Monat mehr zu erhalten, kommt man auf einen Stundenlohn von 25,00 DM. Das ist eine schlechte Bezahlung für eine Führungskraft.
Wer statt dessen auf normalem Mitarbeiterniveau bleibt und de facto nicht vierzig Stunden mehr, sondern vierzig Stunden weniger arbeitet, der kann in diesen vierzig Stun-

den zumeist interessante Nebentätigkeiten erledigen, die sehr viel besser als nur mit 25,00 DM in der Stunde bezahlt werden.
Und diese Rechnung geht so lange auf, bis der Kollege Abteilungsleiter wirklich Hauptabteilungsleiter geworden ist. Meist aber wird nur einer von zehn Abteilungsleitern diesen Sprung schaffen. Wer vorsichtig und risikoarm leben möchte, sollte genau rechnen, für welche Art der Karriere er sich entscheidet.
Und wenn Sie sich für die Karriere entscheiden, sollten Sie zusätzlich entscheiden, welche Art von Karriere Sie machen wollen, welche Karriere Ihrer Persönlichkeit sowie Ihren Wünschen und Bedürfnissen am ehesten entspricht. Anregungen dazu finden Sie im folgenden Kasten.

Statussymbole

Als verhaltensbestimmend für einen größer werdenden Teil der Menschheit haben Forscher des amerikanischen SRI-Instituts eine Liste neuerer Werte den Statussymbolen früherer Zeiten gegenübergestellt.

Statussymbole der fünfziger Jahre:

- Berühmt sein
- Im Who's Who erwähnt werden
- Hohes Einkommen
- Universitätsabschluß
- Splendides Zuhause
- Ganz oben in der Firmenhierarchie stehen
- Dienstboten haben, die im Haus leben
- Jeweils das neueste Automodell fahren
- Mitgliedschaft in den „richtigen“ Klubs und Vereinigungen

Statussymbole der siebziger Jahre:

- Geheime Telefonnummer
- Nummernkonto in der Schweiz
- Berühmte Menschen zu Freunden haben
- Ein Büro ohne Schreibtisch haben
- Eine Zweit- oder Drittwohnung
- Ein seltenes Automodell fahren
- In der Presse erwähnt werden
- Häufig ins entlegene Ausland fahren

Statussymbole bis zum Ende des Jahrtausends:

- Es jederzeit möglich machen können, von der Arbeit freizunehmen
- Anerkennung als ein kreativer Mensch
- Verbindung zwischen Arbeit und Spiel schaffen
- Als Gegenwert für die Arbeit nicht nur Geld, sondern vielmehr Anerkennung und Zuneigung von Menschen bekommen
- In der Gemeinde oder bei sozialen Projekten engagiert sein
- Leicht und ungezwungen lachen können
- Durch eigene Tränen nicht beschämt sein
- Großes Spektrum an Interessen und Aktivitäten
- Gedankliche Unabhängigkeit
- Kein Kämpfer, sondern ein liebevoller Mensch sein
- „In der eigenen Mitte sein"

Statussymbole bestimmen weitgehend das Umfeld, in dem sich ein Verhalten – positiv unterstützt von den Mitmenschen – entfalten kann. Menschen, die entsprechend diesen Symbolen „in" sind, werden zu Leitbildern. Wer hier „out" ist oder sich sogar gegen die anerkannten Werte seiner Zeit verhält, gerät in die Gefahr, zum Außenseiter zu werden.

Stufe 23 der Karriereleiter:

Machen Sie Eigenwerbung

Die Psychologin und Unternehmensberaterin Dr. Gabi Pörner sagt zu Recht, daß es eine besondere Form von Arroganz ist zu glauben, „die anderen würden Blumen streuen, weil man beschlossen habe, den Karriereweg einzuschlagen".

Dr. Pörners Rat gilt besonders Frauen, die aus einer Erziehung zur Redlichkeit heraus glauben, man würde schon von alleine auf sie aufmerksam werden, wenn sie nur ordentlich arbeiteten.

Das Gegenteil ist der Fall, da Frauen eben noch etwas auch nicht machen, was Männer sehr wohl tun. Eine amerikanische Untersuchung zeigt, daß Männer wie Frauen in gleichgearteten Managementpositionen nur etwa sechzig Prozent ihrer Arbeitszeit wirklich brauchen, um ihre Arbeit zu bewältigen.

Die restlichen vierzig Prozent nutzen Frauen, um Kollegen zu helfen oder sonstwie das Betriebsklima zu verbessern. Während Männer in diesen vierzig Prozent der Zeit versuchen, sich selbst zu verkaufen und das eigene Licht nicht unter, sondern auf den Scheffel zu stellen.

Es kommt also nicht nur darauf an, eine gute Leistung zu erbringen, sondern Sie müssen auch dafür sorgen, daß darüber geredet wird.

Oft ist es im Leben so, daß man genau das, aber auch nur das erhält, was man haben will und von dem die anderen, die es geben müssen, wissen, daß man es haben will. Gehen Sie einmal im Kopf oder auf Papier die Liste der Menschen durch, die über einen weiteren Karriereschritt bei Ihnen entscheiden müssen. Wissen die überhaupt, daß Sie an einem solchen Schritt interessiert sind? Kennen wiederum Sie die Kriterien, nach denen diese Menschen über Aufstieg und Fall von Mitarbeitern entscheiden?

Um die eigene Karriereabsicht mitzuteilen, kann man natürlich nicht als „Sandwich“ herumlaufen – vorne und hinten ein Plakat mit der entsprechenden Werbung tragen. Besser ist es, nach der alten PR-Regel zu verfahren: „Tue Gutes und rede darüber!“ Sorgen Sie dafür, daß Ihre Leistungen bekannt werden, und beteiligen Sie möglicherweise schwatzhafte Kollegen an Ihren Leistungen, lassen Sie sie mitarbeiten, lassen Sie sie mit von dem Erfolg profitieren, damit Sie das Hohelied Ihrer Leistungsfähigkeit singen.

Achten Sie besonders darauf, daß Ihr Vorgesetzter Ihre Leistungen nicht als die eigenen verkauft. Unterhalten Sie deshalb ein gutes Verhältnis zum Vorgesetzten Ihres Vorgesetzten.

Hier gibt es interessante Konstellationen. Ihr Vorgesetzter muß daran interessiert sein, daß Sie nicht zu schnell aufsteigen. Sie könnten sonst ja seinen eigenen Platz gefährden. In derselben Situation befindet sich der Vorgesetzte Ihres Vorgesetzten. Zwischen diesem und Ihnen gibt es deshalb eine Intessengleichheit gegenüber dem Menschen, der in der Hierarchie zwischen Ihnen steht. Und glauben Sie nicht, der Chef Ihres Chefs hätte an solch einer Konstellation kein Interesse. Er muß es haben, denn er ist innerhalb der Firmenpyramide ja ebenfalls „in der Zange“.

(Aus diesem kleinen Gedankenspiel, das der Realität sehr gut entspricht, können Sie zudem ersehen, wie unsinnig es ist, zu viele Hierarchie-Ebenen zu haben.)

Stufe 24 der Karriereleiter:

Lügen und stehlen Sie nicht

Dieser Rat wird Ihnen absurd erscheinen, wenn Sie neu im Berufsleben sind. Wenn Sie länger „dabei“ sind, werden Sie ausreichend viele Menschen getroffen haben, die versuchen, sich mit fremden Federn oder mit fremdem Eigentum zu schmücken. Dieses Vorgehen kann zeitweilig Vorteile bringen. Langfristig schadet man sich aber selbst damit. Denn es gibt Fehler, die sich kaum wiedergutmachen lassen.
Nun gibt es Menschen, die glauben, man brauche sich nur nicht erwischen zu lassen. Denken Sie aber immer daran: Sie selbst erwischen sich in jedem Fall. Und eine Lüge oder ein Diebstahl ist eine Belastung für das eigene Selbstvertrauen. Man sagt sich dann nämlich selbst: „So, wie du bist, mit dem, was du weißt, bist du nichts und taugst du nichts.“ Und das untergräbt die eigene Moral und das eigene Selbstvertrauen in umfassender Weise.

Stufe 25 der Karriereleiter:

Planen Sie Pannen ein

Karriereschritt 1 bestand im Erwerb einer positiven Grundhaltung zum Leben und zum Beruf. Optimismus bedeutet aber nicht, alles Negative auszublenden. Vielmehr ist es Ziel einer optimistischen Grundhaltung, sich mit allem, d. h. auch mit dem Negativen, „ins Benehmen zu setzen“, ja, sich auszusöhnen.

In dieser Weise sollten Sie auf das Gute hoffen, aber bereit sein, mit dem Schlimmsten fertig zu werden.

Gehen Sie von der normalen Trägheit der Menschen aus und davon, daß alle Fehler, die auftreten können, auch auftreten werden. Dabei handelt es sich selten um große Katastrophen. Und wenn diese doch eintreten, dann sind sie in besonderer Weise geeignet, Ihre Karrierechancen zu fördern, weil Sie etwas beweisen können.

Die Probleme, an denen Sie zerbrechen, folgen aber dem Muster, das der amerikanische Dichter Charles Bukowsky in einem anderen Zuammenhang beschrieben hat: „Wir kommen nicht ins Irrenhaus, weil uns die Frau wegläuft, sondern weil im falschen Moment das Schuhband reißt.“ In diesem Sinne sollten Sie negativ denken. Wo kann das nächste Schuhband reißen? sollte Ihre ständige Frage an die Welt sein.

Stufe 26 der Karriereleiter:

Denken Sie unwissenschaftlich

Viele Menschen mit gutem schulischen oder akademischen Hintergrund sind es gewöhnt, alle Entscheidungen hundertprozentig abzusichern. Das ist unklug. Im Band *Die optimale Arbeitsplanung* aus dieser Reihe ist auf die Pareto-Regel hingewiesen worden, nach der man mit zwanzig Prozent richtigen Entscheidungen zu achtzig Prozent Erfolg haben kann. Diese Quote reicht meist, denn um hundertprozentigen Erfolg zu haben, überfordert man die Möglichkeit der Wirtschaft und wird eher (aus Zeit- und Organisationsgründen) ein Unternehmen ruinieren, als es zum Erfolg führen. Entscheiden Sie deshalb schnell, und während Sie die Wirkung Ihrer Entscheidung abwarten, überlegen Sie sich Alternativen für den Fall, daß es schiefgeht.

Stufe 27 der Karriereleiter:

Gewöhnen Sie sich an Erfolg

Viele Menschen glauben nicht wirklich an den eigenen Erfolg. Tief im Herzen rechnen sie mit Mißerfolg. Sie sind nicht wirklich leistungsmotiviert, sondern „mißerfolgsvermeidungsmotiviert", ein Unwort, das der deutsche Motivationsforscher Professor Heinz Heckhausen geprägt hat. Zu den vielen Dingen, die hier hineinspielen, zählt auch die Angst vor der eigenen Größe. Gehört man wirklich in die großen Schuhe, kann man in ihnen laufen, will man wirklich all die Extra-Annehmlichkeiten, die beruflicher Erfolg mit sich bringt? Gehen Sie in Ihren Tagträumen und Phantasien diese Dinge durch, sagen Sie sich: Das ist für mich. Der Drang nach Reichtum soll keine ehrliche Motivation ersetzen und kann es auch nicht. Aber wer Erfolg sucht, muß auch mit den materiellen Früchten des Erfolgs eins sein.

Zwei weitere Stufen der Karriereleiter befassen sich damit, Menschen richtig zu behandeln und mit Menschen richtig zu verhandeln.
Beide Punkte sind so wichtig, daß sie in den Bänden *Chef sein – (k)ein Problem* und *So verbessern Sie Ihr Image* dieser Reihe ausschließlich und ausführlich behandelt werden.

Und als letzte Stufe der Karriereleiter sollten Sie folgenden Rat beherzigen: Wenn Sie alles andere berücksichtigt haben: Denken Sie zuerst an sich. Kein anderer wird nämlich zuerst an Sie denken!

Was aber sollen Menschen denken,wenn sie an sich zuerst denken? Erste Gedanken vieler Menschen werden bei dieser Frage in Richtung von Ideen gehen,die in unserer Zeit große Popularität erhalten haben.Wir leben am Ende des 20. Jahrhunderts, im manchmal so genannten Ich-Zeitalter. Und an sich selbst denken wird nur allzuoft gleichgesetzt mit Egoismus.
Menschen suchen ihren eigenen Vorteil und folgen damit – im Berufsleben wie auch privat – Zielen die eine lange geistige Tradition haben. Beispielhaft dafür ist kaufmännisches Denken. Person A besitzt eine Ware, die Person B interessiert. A's Interesse liegt nun darin, B diese Ware zu einem möglichst hohen Preis zu verkaufen. Das ist das Gesetz, nach dem seit Menschengedenken Handel betrieben wurde. In unserem Jahrhundert aber hat dieses Gesetz eine Weiterung erfahren. Nicht nur Waren werden gekauft und verkauft, sondern auch Menschen folgen dieser kaufmännischen Philosophie und verkaufen sich selbst. „Sich gut verkaufen", das ist die Lebensphilosophie am Ende des 20. Jahrhunderts – und der wichtigste Markt, auf dem dieser Handel stattfindet, ist die Arbeitswelt. Nicht immer gereicht diese kaufmännische Einstellung allerdings zum Vorteil der Menschen, die sich selbst als eine Art Produkt ins Leben einbringen.
Der große Psychologe Erich Fromm hat aufgezeigt, wie sich diese zwischenmenschliche Markt-Philosophie auf die Persönlichkeit der Menschen auswirkt. Fromm spricht dabei vom „Marketing-Charakter" als Lebensorientierung. Marketing bedeutet eine Ware so zu präsentieren, daß sie erfolgreich verkauft werden kann. Und im Arbeitsleben bieten sich Menschen selbst als Ware an. Es gibt Talente, die gesucht werden, Verhaltensweisen, die belohnt werden. Menschen passen sich den Bedürfnissen dieses Marktes an und „stylen" sich entsprechend. Das ist eine sehr zwiespältige Sache.

Auf der einen Seite wird niemand Erfolg haben, der sich in Wissen, Auftreten und Umgang mit anderen Menschen nicht nach dem richtet, was man von ihm erwartet. So weit, so gut. Übersehen aber werden dabei nur allzuoft die seelischen Rechnungen, die beglichen werden müssen, wenn man aus sich selbst eine marktgerechte Persönlichkeit machen möchte. Wer nach der Marketing-Orientierung lebt, muß sich – wie der Nachlaßverwalter Erich Fromms, Dr. Rainer Funk, schreibt – „immer daran messen, ob und wie er von anderen akzeptiert wird, und er muß denken und fühlen, was der Markt vorschreibt". Dies ist „der Gesellschafts-Charakter der gegenwärtigen westlichen Industriekultur schlechthin. Sie drückt sich in einer zunehmenden Entfremdung des Menschen von sich, seiner Arbeit und Umwelt aus, weil nicht mehr der Mensch Herr über sich, seine Produkte und Fähigkeiten ist, sondern die Produkte und die Fähigkeiten als Gegenstand von Angebot und Nachfrage den Menschen beherrschen. Der moderne Mensch empfindet sich gleichzeitig als Ware und als Verkäufer dieser Ware."

Eine solche Grundhaltung dem Leben gegenüber – erworben in der richtigen Absicht, es im Beruf weit zu bringen – färbt ab auf andere Lebensbereiche. Auch in der Ausgestaltung der persönlichen Beziehungen geht es um Angebot und Nachfrage, auch auf dem Partner- oder Heiratsmarkt wird der Mensch zur Ware und präsentiert sich mit Eigenschaften, die im Trend liegen.

Dieses Beispiel macht vielleicht deutlich, wo hier die Gefahren sind. Im persönlichen Bereich kann man nicht glücklich werden, wenn man sich stylt und Persönlichkeits-Teile, für die es keinen Markt gibt, verleugnet oder gar verdrängt. Die von anderen Menschen vielleicht nicht so spontan akzeptierten und deshalb „weggedrückten" Talente, Fähigkeiten und Eigenheiten verschwinden aber nicht einfach – so wie ein Kaufmann ein Produkt, an dem er nichts verdient, aus dem Regal nimmt und durch ein anderes ersetzt.

Der Mensch mit Marketing-Charakter ist ja nicht nur Verkäufer, sondern er ist – so Erich Fromm – zugleich die Ware selbst. Und wenn er sich anders „verkauft“, als er ist, wird er zu noch weniger als einer Ware: Er wird zur Mogelpackung.
Ein feinsinniger Mensch, der sich eine besondere Härte auferlegt, um „tough“ zu erscheinen, verliert deshalb noch nicht seine gesamte Sensibilität. Sie wirkt außerhalb der duch Wille und Bewußtsein kontrollierbaren Persönlichkeitsanteile weiter und fordert ihr Recht. Die Persönlichkeit eines solchen selbst-gestylten Menschen bekommt deshalb etwas Unstimmiges, sein Denken, Reden und Verhalten anderen Menschen gegenüber werden zwiespältig. Sein Wort wird unklar, weil es sich wechselnden Situationen anpaßt. Vertrauen bei anderen Menschen wird dadurch immer wieder untergraben – und damit behindert ein Mensch seine Möglichkeiten, zum Beispiel als Kollege oder gar als Führungskraft andere Menschen zu begeistern und sie zu guter Arbeit zu motivieren.
Wie kann das verhindert werden?
Natürlich wird hier nicht einer vordergründigen Egozentrik das Wort geredet, die viele Angehörige der Ich-Generation für sich in Anspruch nehmen und die denken sie lebten ein psychologisch gesünderes Leben, wenn sie *alle* ihre Persönlichkeitsanteile jederzeit „einbringen“ (wie eines der Modewörter unserer Zeit heißt). Solche Menschen verwechseln, so hat es manchmal den Anschein, eine Arbeits- mit einer Therapiegruppe. Sie reden von ihren Schwächen und leben ihre unreflektierte sexuelle Begehrlichkeit genauso aus wie ihre aggressiven Persönlichkeits-Anteile. Das Arbeitsleben ist aber nicht der Ort dafür.
Wie soll ein Mensch, der sich selbst leben und eine kongruente, spontane Persönlichkeit sein will, leben? Ein anderer großer Psychologe, Williams James – er gilt als der Begründer der wissenschaftlichen Psychologie in den Vereinig-

ten Staaten –, hat hierzu einen sehr wichtigen Gedanken formuliert. Er hat sich sehr lange mit dem Thema der Menschenkenntnis beschäftigt und die vielen hier auftretenden komplexen Fragen auf einen sehr einfachen Nenner gebracht. Er schreibt: „Ich habe schon oft gedacht, daß die beste Art und Weise, den Charakter eines Menschen zu definieren, darin liegt, jene besonderen geistig-seelischen und moralischen Einstellungen herauszufinden, in denen er sich selbst am tiefsten und am intensivsten als aktiv und lebendig erfährt. In solchen Momenten meldet sich in diesen Menschen eine innere Stimme, die sagt: ‚Das bin wirklich ich.'"
In diesem Sinne sollte ein Mensch an sich denken. Wer bin ich wirklich? Was sind die Lebens-Themen, die mich wirklich aktiv und lebendig machen? Diese Fragen helfen weiter, wenn man die Grundbegriffe von Erfolg und Karriere einigermaßen beherrscht.

Viele Menschen allerdings scheuen diese Art der Selbstkonfrontation. Sie spüren, daß dabei Seiten an ihnen zum Vorschein gelangen würden, die ihre Erfolgs-Chancen auf den „Märkten des Lebens" nicht steigern, sondern mindern würden – und sie haben Angst davor.

Diese Angst resultiert daraus, das sie selbst genauso wie die meisten anderen Menschen peinlichst genau darauf achten, zu verbergen, wie sie wirklich sind. Nicht mitgeteilte (nicht *geteilte*) Angst macht aber einsam. Man denkt, nur man selbst habe Fehler und Schwächen, Sehnsüchte, wilde Gedanken und andere nicht immer gut akzeptierte Persönlichkeits-Anteile.

Wie aber soll ein Mensch, der im Arbeitsleben steht, sich diesen Seiten seines Selbst – der Psychologe C. G. Jung spricht hier von „Schatten" eines Menschen – stellen?

Es gibt klar definierte Orte, an denen dies möglich und sinnvoll ist. Freundschaft ist solch ein „Ort". Wer seine persönlichen „Ungereimtheiten" mit jemandem teilen kann und sie so ans Licht holt, damit sie nicht ihr Unwesen im verborgenen treiben, tut sehr viel für seine eigene seelische Stabilität und schafft so eine wichtige Voraussetzung für Karriere und Erfolg. Nur die wirklich stabilen Menschen kommen nämlich ab einer gewissen Stufe auf der Karriere-Leiter weiter. Psychologische Gruppen und Therapien helfen natürlich auch. Dort kann man sich Freunde gleichsam mieten, wenn man keine hat. Daß dies in keiner Weise negativ zu betrachten ist, haben viele Unternehmen erkannt, die Führungsseminare und andere psychologische Verfahren zum festen Bestandteil ihres Angebotes an die eigenen Mitarbeiter machen. Mehr Menschen sollten dies für sich in Anspruch nehmen und in dieser heilsamen, persönliche Stabilität schaffenden Weise an sich selbst denken.

Anders, als diese Angebote oft „verkauft" werden, geht es darin nicht um das noch bessere „Stylen" der Persönlichkeit von Menschen – oder, um es in den Gedanken Erich Fromms zu sagen, um noch perfekter einzustudierende Selbstentfremdung. Es geht um das Ergreifen der Chance, die einmal mit den schönen Worten „Werde der, der du bist" ausgedrückt worden ist. Und viel für die eigene Karriere ist gewonnen, wenn ein Mensch sich über seine persönlichen „Ungereimtheiten" klar wird. ‚Aha, ich bin so ehrgeizig, daß ich jetzt meinen Mund halte, obwohl ich meinem Chef eigentlich widersprechen müßte' – wer zu einer solchen Erkenntnis fähig ist, wird an der oft gegebenen Diskrepanz zwischen persönlichen Vorstellungen und dem, was tatsächlich „machbar" ist, weniger leiden als derjenige, der alles, was nicht „paßt", verleugnet oder verdrängt.

Das wirkliche Ziel einer beruflichen Karriere besteht nämlich nicht darin, sich immer zielstrebiger in einer Weise zu kalibrieren, um sich immer besser zu verkaufen. Wer das macht, wird in irgendeiner Fachabteilung landen, in der spezielle Talente gefragt sind, wird Kader-Typ, Funktionsträger oder schlicht Funktionär – ein Begriff, in dem mit gutem Grund das Wort „funktionieren" enthalten ist.

Wer mehr will, wer eine Führungskraft sein möchte, muß aber mehr als nur funktionieren. Führung, die andere Menschen nicht nur kontrolliert und einschüchtert, sondern die das Beste aus anderen Menschen herausholt – eben jene Anteile, in denen der Mensch *aktiv* und *lebendig* ist –, kommt nur aus einer gereiften, ganzheitlichen Persönlichkeit. Diese zu werden, ist der wirkliche Lohn eines Lebens in Führungsverantwortung. Es ist der immer wieder neue Weg zu sich selbst – dahin, sich so zu akzeptieren, wie man ist, Respekt vor sich zu haben (nicht Arroganz aufgrund eigener marktgerechter Talente).

Erfolg kommt, so besehen, aus Liebe zu anderen Menschen und Liebe zu sich selbst. Liebe aber bedeutet, einen Menschen so anzunehmen, wie er ist – und nicht, wie er sein soll, damit er sich besser „verkauft". Wer es schafft, sich so anzunehmen, wie er ist, hat das Wichtigste erreicht, was das Leben – und auch das Arbeitsleben – bieten kann.